באהבה עדן, מיכאלה ודורון

יולי 2023

קאפה פיטה ואטה

בישול איורוודי ביתי

איורוודה, "ידע החיים" בתרגום מסנסקריט, היא תורת הריפוי ההודית. כמו היוגה והמדיטציה, גם האיורוודה בת אלפי שנים. כמשתמע משמה האיורוודה היא הרבה יותר מדרך חכמה ואפקטיבית לריפוי תחלואי הגוף. האיורוודה היא תורה עתירת ידע להבנת החיים והאדם. בשל רוחב היריעה שלה, עומקה ההשפעה המטיבה שלה, היא נחשבת לוודה (veda) החמישית של "ארבע הוודות", כתבי הקודש העתיקים.

האיורוודה עוסקת בתחומים רבים, ביניהם רפואה פנימית, רפואת נפש, רפואת ילדים, רפואת נשים וענף שלם העוסק ברפואה מונעת, הארכת החיים והשבחתם. בניגוד לרפואה המערבית המודרנית, הדוגלת בהתמחויות בנושאים ספציפיים, הרפואה האיורוודית, כמו הרבה רפואות עתיקות, היא הוליסטית במהותה ועל הרופא להיות בקי בכל תחומי העיסוק הללו.

באיורוודה, אין בריא ולא בריא. יש בריא למישהו אחד, ואסון למישהו אחר. כלומר משהו שיכול לעשות נהדר למישהו אחד, יכול לעשות רע מאוד למישהו אחר.
לכן נקודת הפתיחה הראשונית בכל הנוגע לתזונה היא לא האם משהו הוא בריא, אלא האם הוא בריא עבורי – האם הוא מתאים לטמפרמנט הגופני שלי, ולטמפרמנט המנטלי שלי ולמערכת העיכול שלי, ולסוג החיים שאני מנהלת ועוד שלל פקטורים נוספים.

אז אם אנחנו נראים שונה; אחד גבוה, רזה ודק, השני מלא ומוצק. אחת נמרצת ותזזיתית, השנייה כבדה ואיטית. אחת נוטפת זיעה כל הקיץ, השנייה לא מגירה אפילו טיפה אחת – למה שאותו אוכל יתאים לכולנו?

על פי תפיסת העולם האיורוודית האדם הוא רפליקה של היקום; כל מה שקיים בעולם קיים גם באדם. חומרי הגלם של כל המערך המופלא הזה הם חמשת היסודות; אש, מים, אוויר, אדמה וחלל(space).

חמשת היסודות מרכיבים את שלוש הדושות ואטה, פיטה וקאפה – שלושה כוחות שקיימים בטבע כולו. בבני אדם, בחיות, בצמחים, בכל גרגיר ובכל תופעה, מרמת התא ועד רמת הגוף, ברמה הפיזית וברמה המנטלית.

האיורוודה מסבירה איך מתבטאות דושות אוניברסליות אלו, באדם. וכאן נכנסים טיפוסי הגוף-נפש של האיורוודה (ואטה-פיטה-קאפה). לכל אחד מהטיפוסים קווים תזונתיים מתאימים לו. ממה ממש כדאי להימנע אם את טיפוס אש, ומה כדאי לך לאכול אם את טיפוס אוויר. ואיך זה מרגיש כאשר אוכלים את האוכל שמתאים בדיוק בדיוק עבורך, בדיוק כפי שאת/ה.

מוזמנים לקרוא עוד באתר שלי ולעשות את מבחן הטיפוסים באתר אשר ייתן לכן/ם הבנה ראשונית לגבי הטיפוס שלכן/ם על פי האיורוודה ayurvedic-medicine.co.il

גליה עזרן היא מטפלת בכירה ברפואה איורוודית. בוגרת תוכנית המטפלים הבכירים של ה International Academy of Ayurveda למדה איורוודה בישראל ובהודו. מרצה ומלמדת איורוודה מזה עשר שנים במסגרות שונות ומטפלת בקליניקה שלה בתל אביב ובכרכור.

תוכן העניינים

ארוחות בוקר

סלטים ועוד כל מיני

נזידים ותבשילים

לחמים, מאפים וממרחים

מרקים

שייקים, מיצים וכל מה ששותים

מתוקים בריאים

חמוצים ועוד

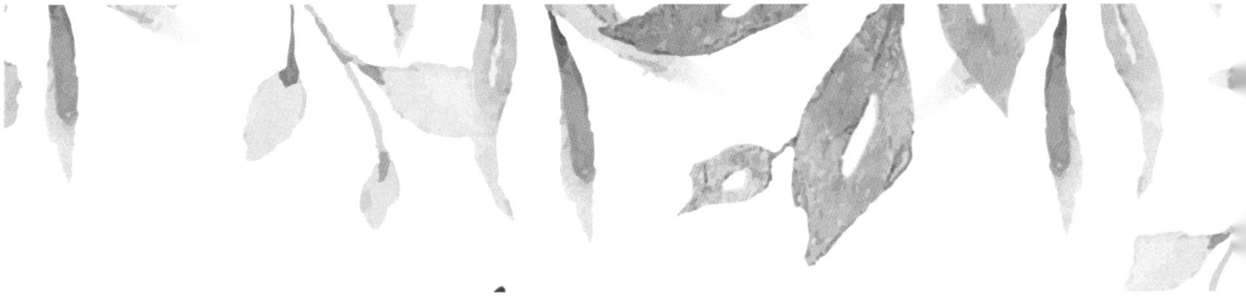

ארוחות בוקר

אומלט זוקיני וקמח שקדים

אומלט טעימה ומשביעה. אפשר לשחק עם הירקות והתיבול לכל כיוון שאוהבים. לארוחת בוקר או ערב

2 ביצי חופש
2 זוקיני או קישואים בהירים
רבע-חצי בצל חתוך לרצועות
3 כפות קמח שקדים (קנוי או לטחון לבד)
חצי כפית אורגנו יבש
חצי כפית כורכום
רבע כפית זרעי כוסברה טחונים
מלח ופלפל
מעט שמן זית

פורסים את הזוקיני לעיגולים מוארכים ואת הבצל לרצועות.

מזהיבים את הבצל ולאחר מכן מוסיפים את פרוסות הזוקיני לכ-5 דקות. שימו לב שלא יהיה רך מז הקפצה קלה בלבד.

מוסיפים את כל התבלינים, מלבד המלח, הפלפל והכורכום. מערבבים. שוב, בזהירות כי הזוקיני ר ועדין יחסית.

טורפים את הביצים בקערה ומתבלים במלח ופלפל וכורכום. מוסיפים את קמח השקדים ומערבבי היטב שלא יהיו גושים.

מוסיפים לקערה את הזוקיני המוקפץ. טועמים לוודא שלא חסר שום תבלין.

אם צריך מוסיפים עוד מעט שמן למחבת ושופכים לתוכה את הבלילה. מנמיכים את האש ונותנים לאומלט להתבשל לאיטו. מי שאוהב יכול לכסות או להפוך צד.

לאומלט חגיגית יותר:

לאחר שמקפיצים קלות את הזוקיני, מניחים לו להתקרר כמה דקות ואז מסדרים על מחבת משומנ את פרוסות הזוקיני בצורת מנדלה יפה ועל זה שופכים את הביצים עם קמח השקדים. כשהאומלט מוכנה, הופכים אותה על צלחת שטוחה.

אפשר לקחת את זה לעוד הרבה כיוונים, למשל עם קוביות דלורית או מנגולד ותרד או פטרוזיליה, כוסברה ועגבניות.

לוואטה - עם יותר שקדיה וחלב. להוסיף קינמון
לפיטה - מתאים עם או בלי חלב. להוסיף הל
לקאפה - מתאים מאוד. פחות חלב ושקדיה. יותר תבלינים. אפשר גם להוסיף מעט ג'ינג'ר ופלפל שחור או פיפאלי

דייסת קינואה

הדייסה יוצאת רכה ומפנקת יותר אם מכינים אותה
מקינואה לבנה

רבע-חצי כוס קינואה לבנה (תלוי כמה אתם רעבים בבוקר). אם זכרתם להשרות לילה לפני או כמה שעות - זה ירכך עוד את קינואה

חלב כלשהו לבחירתכם. לא חובה, אפשר גם רק עם מיים. יהיה פחות עשיר.

תבלינים לפי הטעם: קינמון, הל, מוסקט, ציפורן, מעט תמצית וניל

תוספות: פרי שאוהבים, פרי יבש (תמר/מישמיש/דבלה/צימוקים/אוכמניות, אגוזים שאוהבים.

תוספת להעשרה: כפית-כף ממרח שקדים (כדאי במיוחד אם מבשלים רק על בסיס מים)

המתקה: אפשר להסתפק במתיקות הפירות או להוסיף מעט מייפל/סילאן/דבש חרובים או דבש רגיל - אותו כדאי להימנע מלבשל ולהוסיף אותו רק בהגשה

מבשלים את הקינואה עם הרבה מיים (כמו פסטה). כשמתחיל להיווצר קצף לבן מסננים.

מחזירים לסיר, מוסיפים בערך כוס מיים או חצי כוס מיים וחצי כוס חלב שאוהבים (שקדים/אורז/שיבולת שועל), מכניסים פנימה את הפירות היבשים שיתרככו בבישול וייתנו מתיקות. מתבלים וממתיקים אם רוצים המתקה נוספת.

את הפירות הטריים ניתן לבשל או לחתוך טרי בהגשה. מקשטים עם אגוזים וזילוף של ממרח שקדים.

לוואטה - עם יותר שקדיה וחלב. להוסיף קינמון
לפיטה - מתאים עם או בלי חלב. להוסיף הל
לקאפה - מתאים מאוד. פחות חלב ושקדיה. יותר תבלינים. אפשר גם להוסיף מעט ג'ינג'ר ופלפל שחור או פיפאלי

דייסת קובו

דייסת דגנים מקרוביוטית. מזינה ומחזקת. טובה לחימום הגוף. מתאימה מאוד למי שסובל מעודף קור ולחות. אפשר לשחק עם הדגנים ולהתאים את הדייסה לכל הטיפוסים

כוס אורז מלא עגול
כוס אורז מתוק (זן של אורז. תמצאו אותו בחנויות טבע)
חצי כוס גרגירי שיבולת שועל שלמים
חצי כוס שומשום מלא

קולים את כל אחד מהמרכיבים בסיר או מחבת (ללא שמן) למספר דקות, עד להשחמה קלה מאוד ומניחים בצד להצטנן. את השומשום קולים ל-2-3 דקות בלבד. זהירות, הוא נשרף בקלות.

כשכולם הצטננו מערבבים את כל המרכיבים ומכניסים לצנצנת זכוכית אטומה. כשרוצים לאכול מהדייסה טוחנים 3-4 כפות במטחנת תבלינים או בלנדר קטן ואת האבקה שהתקבלה מבשלים עם מיים, כמו דייסה. משך הבישול כ-10 דקות.

בשלב הזה אפשר להוסיף כל מה שאוהבים:

לגרסה מתוקה אפשר לבשל עם צימוקים, תמרים, דבלים, משמשים ועוד. ועל הצלחת לקשט עם שקדים, אגוזי מלך, גרעיני דלעת, פרי טרי ועוד. כדאי להמתיק את הדייסה על ידי בישול עם פירות יבשים אבל אפשר כמובן גם להוסיף מייפל, סילאן או דבש.

לגרסה מלוחה אפשר להוסיף קצת מלח או רוטב סויה ולצרף גם ירק מגורר כמו בטטה או דלעת.

אפשר לשחק עם הדגנים ולהחליפם או לגוון עם דגנים אחרים.

מצוין לקאפה
לפיטה: להחליף את האורז העגול באורז בסמטי מלא ובמקום שיבולת שועל להוסיף גריסי פנינה
לוואטה: להגדיל את כמות השומשום לכוס מלאה

קרקר אורז צבעוני

קרקרים טעימים ובריאים כשמתחשק משהו קריספי ומלוח
ורוצים להשאר בגבולות הנשנוש הבריא

כוס אורז עגול מלא
חצי כוס פשתן - מושרה בכוס מים לכמה שעות (מינימום שעה)
1/2 כוס שומשום שחור או לבן או חצי חצי
1/2 כוס גרעיני חמנייה אפשר חצי גרעיני דלעת
כפית מלח איכותי. אפשר קצת יותר או פחות לפני הטעם

וריאציות
לקרקר צהבהב: חצי כפית כורכום. או כפית אם אתם אוהבים כורכום לקרקר ירקרק: כפית אורגנו לקרקר ירוק ממש: כפית אבקת ספירולינה לקרקר אדום: כפית פפריקה אדומה או מעושנת

משרים את הפשתן במים למינימום שעה, עד שהמים הופכים לריריים.
טוחנים את האורז העגול לאבקה, אפשר בבלנדר חזק או במג'ימיקס. לא כדאי להשתמש בקמח אורז, זה פחות טוב לקרקרים.
מערבבים את כל החומרים, מלבד תיבולי הצבעים.
אם רוצים להכין קרקרים בכמה צבעים (כדאי!) - מחלקים את התערובת ומוסיפים את התיבול-צבע הרצוי (במקרה הזה אולי כדאי להכפיל את הכמויות)
מרדדים בין שני ניירות אפייה משומנים קלות, עד שמתקבל עלה דק ואחיד.
מסירים את הנייר העליון ומניחים עם התחתון בתבנית אפייה.
אופים כ-15-20 דקות, ב-180 מעלות.
שוברים ביד לחתיכות גסות, מי שמעדיף צורות יותר "מסודרות" אפשר לנסות גם עם סכין.
אם הקרקרים לא יצאו מספיק קראנצ'ים לטעמכם אפשר גם אחרי החיתוך להכניס לתנור לעוד כמה דקות, עדיף בטורבו.
מאחסנים בקופסא אטומה.
יכול להיות נשנוש או ארוחת בוקר, עם אבוקדו, פסטו, גבינת שקדים (עמוד 7) ועוד ועוד.

לוואטה: פחות מתאים
לפיטה: עדיף עם אורגנו/כוסברה
לקאפה: מתאים. כדאי עם הרבה כורכום ויותר גרעיני דלעת

אומלט שיבולת שועל

למעשה אפשר לומר שזה סוג של מצה בריי, רק עם שיבולת שועל
ועוד הרבה דברים טובים. ואפשר גם בגרסה מתוקה

3-4 כפות שיבולת שועל (קוואקר) טחונה במטחנה קטנה או מטחנת תבלינים
מעט מיים (כרבע כוס)
עלים ירוקים קצוצים לפי טעמכם - פטרוזיליה, כוסברה, בזיליקום

כף שמן קוקוס או זית לטיגון
כפית חרדל דיז'ון גרגירים - אופציונלי
מעט כמון - אופציונלי
מלח ופלפל לפי הטעם

טורפים את הביצים עם מעט מים, מוסיפים את כל יתר החומרים, מלבד השמן, מערבבים וטועמים לבדוק שלא חסר שום דבר.
מחממים מעט שמן במחבת, שופכים את הבלילה ומשטחים עם כף ליצירת מעין חביתה גדולה. לאחר מספר דקות, כשמזהיב, הופכים לצד השני.
וזהו - האומלט מוכן.

אפשר להכניס בפנים בעצם כמעט כל מה שרוצים - קישוא מגורד, בטטה, מנגולד, תרד.
זה טעים, מזין ומשביע ואם גם מכינים סלט קטן ליד זה כבר ממש ארוחה.
אני מכינה את האומלט הזה גם בגרסה מתוקה (בעמוד הבא).
למי שמתעצל לטחון את הקוואקר - ניתן לקנות מראש את הקוואקר הדק ולוותר על הטחינה אולם קחו בחשבון שעם הקוואקר הטחון האומלט יוצא אחיד וטוב יותר
למי שרוצה להגדיל כמויות: מנסיונותי, על כל ביצה (טרופה במים) נכנסות 3-4 כפות קוואקר

אם הבלילה יצאה סמיכה מדי, ניתן להוסיף עוד קצת מיים או ביצה נוספת

לוואטה - כדאי להוסיף בטטה או קישוא
לקאפה - עם הרבה עלים ירוקים ואקסטרה תיבול
לפיטה - פחות מהחרדל, יותר עלים

אומלט שיבולת שועל, בננה ומייפל

ארוחת בוקר או ארוחת נשנוש מתוקה. אפשר לשחק
עם הטעמים לכל מיני כיוונים

1-2 ביצי חופש (תלוי כמה אתם רעבים)
מעט מיים/חלב שקדים/אורז/שיבולת שועל/חלב עזים. כרבע כוס
3 כפות קוואקר טחון או קוואקר דק קנוי
מעט תמצית וניל
כפית מייפל (אפשר גם סילאן או לתת אורז)
בננה מעוכה
כף שמן קוקוס לטיגון
מעט קינמון לתיבול - אופציונלי

טורפים את הביצה היטב עם המיים או החלב. מוסיפים את כל שאר החומרים מלבד שמן הקוקוס.
מחממים מחבת ומטגנים קלות עם שמן הקוקוס עד להזהבה, הופכים לצד השני.
מגישים עם מייפל ואגוזי מלך או שקדים או כל אגוז אחר שחביב עליכם.

אפשר גם לא להכניס את הבננה לבלילה ולאכול את האומלט עם פרוסות בננה מלמעלה, בתוספת זיגוג מייפל.
אם התערובת סמיכה מדי, ניתן להוסיף עוד קצת נוזלים, או ביצה נוספת.

למי שמתעצל לטחון את הקוואקר - ניתן לקנות מראש את הקוואקר הדק ולוותר על הטחינה אולם קחו בחשבון שעם הקוואקר הטחון האומלט יוצא אחיד וטוב יותר
למי שרוצה להגדיל כמויות: מנסיונותי, על כל ביצה (טרופה עם מיים) נכנסות 3-4 כפות קוואקר

לוואטה - להוסיף קינמון
לפיטה - ללא קינמון. אפשר להוסיף הל
לקאפה - כדאי להשמיט את הבננה ולהשתמש במיים במקום בחלב. וכמובן לתבל בקינמון

חביתת קמח חומוס

חביתה משביעה וטעימה, לצד סלט שמח. מצוינת לירידה במשקל
ובייחוד לטיפוסי קאפה עם עודף לחות

חצי כוס קמח חומוס

חצי כוס מים

בצל ירוק קצוץ (לא חובה)

רבע כפית כורכום

מלח ופלפל שחור

שמן זית ולימון להגשה

מערבבים את הקמח עם המים בעזרת מטרפה ידנית עד שמתקבל מרקם נוזלי אחיד. מוסיפים את הבצל הירוק והתבלינים.

במחבת איכותית שלא נדבקת בקלות, שמים מעט שמן קוקוס ושופכים מהבלילה בעזרת מצקת. אם יש לכם רינגים של פנקייק אפשר להכין איתם חביתיות עגולות ויפות. ואפשר גם לשפוך על כל המחבת.

אני מאוד אוהבת אותן רק עם כורכום ומלח, אבל אפשר להוסיף עוד הרבה תבלינים נוספים, כולל עלים ירוקים קצוצים - פטרוזיליה, כוסברה, תרד, שמיר.

לחביתה עשירה יותר אפשר להוסיף גם פטריות.

בגלל שחומוס הוא מאוד יבש, החביתה תשמח לקבל על הצלחת זילוף שמן זית ומעט לימון טרי. זה מרטיב אותה ועושה אותה יותר עסיסית. ישתלב טוב כמובן גם עם בת הזוג הנצחית של החומוס - הטחינה

טעים עם סלט וטחינה, אבוקדו ואפילו עם ריבה. אני תמיד שומרת את האחרונה לריבה.

מצוין לקאפה. אפשר יותר כורכום. מצוין לפיטה
לא מתאים לוואטה (במידה וכן - אז עם הרבה מאוד טחינה ושמן זית מלמעלה וללא כורכום)

פוהה עם גזר וצימוקים

אורז שבושל, יובש ונכתש לכדי פתיתים. קל מאוד לעיכול ולא
מצריך בישול. מצוין לארוחת בוקר. הולך במתוק וגם במלוח. קונים
בחנויות הודיות או ב"מזרח מערב" בתל אביב

כוס פוהה (יספיק למנה אחת משביעה. או לשתיים קטנות)
1-2 גזרים לא גדולים
מעט שמן זית או גהי
חצי כפית זרעי חרדל
חצי כפית זרעי כוסברה טוחנים
מעט ג'ינג'ר טרי מגורר או יבש (לא חובה)
1-2 כפות שבבי קוקוס טבעיים
חופן צימוקים כהים
חופן קאשיו/שקדים קלויים קלות (בקלייה ביתית במחבת)
מעט כוסברה קצוצה
מלח ופלפל
מעט לימון (לא חובה)
למי שמעוניין לקחת את זה לכיוון יותר מתקתק: קינמון והל

מניחים את הפוהה במסננת ושוטפים אותה. זה מרכך אותה
מגרדים את הגזר בפומפיה
במחבת עם מעט שמן מניחים את כל התבלינים מלבד המלח לדקה-שתיים, עד שמתחילים להריח שהם "נפתחים"
מוסיפים את הגזר המגורד ומרככים אותו קלות
מוספים את הפוהה ומערבבים
מוסיפים את הצימוקים והקאשיו והקוקוס. מתקנים תיבול, מקשטים בכוסברה קצוצה, מוסיפים מעט לימון ומגישים

ארוחת בוקר של פוהה מתאימה לכל הדושות. לוואטה היא עשויה להיות קלילה מדי.

ואטה - יותר ג'ינג'ר, יותר אגוזים
פיטה - פחות זרעי חרדל. יותר כוסברה
קאפה - יותר זרעי חרדל, פחות אגוזים

kolath meal

ארוחת בוקר של דגנים מושרים למשך לילה, שקרויה על שם הרופא הגרמני שהמציא אותה, ד"ר וורנר קולאת'. המתכון הזה הוא גרסה שלי, שמבוססת על המתכון המקורי.
מתאים כארוחת בוקר קיצית או בטיולים, כשאין איפה לבשל

3-4 כפות גרעיני שיבולת שועל שלמים או קוואקר עבה
1-2 כפות גרעיני כוסמין או בורגול מלא
חופן צימוקים/דבלים/מישמישים/גוג'י ברי
חופן שקדים/אגוזים/גרעיני דלעת/חמניה
כף קוקוס טחון
כפית פשתן שלם - אופציונלי. אם סובלים מעצירות מומלץ אפילו להגדיל לכף. קחו בחשבון שזה יעניק למנה מרקם רירי!
חצי לימון
תפוח או פרי טרי אחר
קינמון/הל/ג'ינג'ר - אופציונלי

אם בחרתם בדגנים השלמים, ראשית צריך לטחון אותם. במתכון המקורי טוחנים ממש לקמח. אני אוהבת לטחון קלות, כך שהמקרם נותר גס ונותרות חתיכות שבורות. אם משתמשים בקוואקר ובבורגול כמובן שאין צורך לטחון.

מניחים את הדגנים בקערה, מוסיפים את כל יתר החומרים, מכסים במיים ומניחים מלמעלה צלחת או מכסה כלשהו ומניחים ללילה שלם.

בבוקר מערבבים את התערובת ומוסיפים מיץ לימון סחוט ופרי טרי ואוכלים. אפשר להוסיף גם מיץ תפוזים/אוכמניות או תפוזים. העיקר שיהיה חמצמץ. את התפוח כייף להכניס מגורד אבל אפשר גם חתוך לקוביות.

מאחר והדגנים לא מבושלים ייתכן והארוחה הזאת תהיה מעט קשה לעיכול לבעלי אגני חלש. אפשר לנסות להוסיף יותר מהתבלינים ולבדוק האם זה משתפר.

היתרון של ההשריה הארוכה הוא הניטרול של החומצה הפיטית, שמפריעה לספיגה של ברזל וסידן.

מתאים לשלוש הדושות
וואטה - לא לוותר על התבלינים המחממים
לקאפה - כנ"ל. אפשר אפילו לפזר קמצוץ פלפל שחור

גרנולה שייק

עוד דרך לאכול גרנולה, לנמנעים מחלב ויוגורט. החלב קוקוס נותן לשייק מרקם 'חלבי' ומפנק יותר. ארוחת בוקר או קינוח אחר צהריים

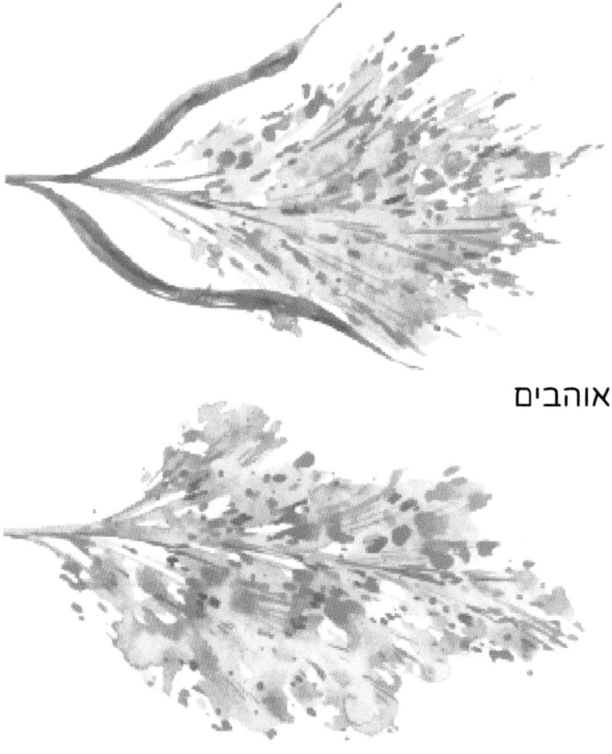

2-3 עלי חסה
צרור קטן של כוסברה
עלה מנגולד
1-2 תמרים (תלוי במידת המתיקות הרצויה)
תפוח/בננה/תפוז/אפרסק או כל פרי אחר שאוהבים
רבע כוס חלב קוקוס (ללא חומר משמר)
חתיכת ג'ינג'ר טרי קטנה
חופן גרנולה ביתית (עמוד הבא)

מכניסים את כל החומרים לבלנדר מלבד הגרנולה וטוחנים עד לקבלת שייק במידה האהובה עליכם.

מפזרים מלמעלה חופן גרנולה ואוכלים

מתאים לשלוש הדושות
לוואטה - לא לוותר על התבלינים המחממים
לקאפה - כנ"ל. אפשר אפילו לפזר קמצוץ פלפל שחור

גרנולה עם קשיו, אננס מיובש וגרעיני חמניה

לא חייבים חלב בשביל גרנולה. טעים עם חלב שקדים/אורז/סויה, מיץ טבעי או שייק ירוק. לא כדאי לאכול עם יוגורט, בייחוד לא אם אתם מוסיפים לגרנולה שלכם גם פירות טריים

חצי קילו שיבולת שועל גסה
חצי כוס או פחות סילאן או חצי כוס מייפל טבעי או חצי כוס רכז תפוחים טבעי (קחו בחשבון שיהיה לגרנולה טעם תפוחי)
רבע כוס שמן קוקוס/זית/שומשום מכבישה קרה. אני אוהבת את הקוקוס

תיבול אופציונלי: כפית קינמון, חצי כפית הל, רבע כפית אגוז מוסקט
תוספות: רבע כוס צימוקים כהים, רבע כוס גרעיני חמניה ו/או דלעת, 5 עיגולי אננס מיובש (ללא תוספת סוכר) חתוכים לחתיכות, רבע כוס שקדים, רבע כוס שקדי מלך, שבבי קוקוס לא ממותקים, קאשיו, גוג'י, משמשים מיובשים ועוד.

בקערה גדולה מערבבים היטב את השיבולת שועל, השמן וההמתקה שבחרתם

על מגש אפיה גדול מניחים נייר אפייה ועליו שופכים את התערובת. מפזרים על פני כל המגש בצורה שווה ומכניסים לתנור בחום בינוני לקלייה שתימשך כ-20 דקות או מעט פחות. מדי שש-שבע דקות פותחים את התנור ומערבבים. לא מומלץ לעזוב את המטבח כי הגרנולה נשרפת בקלות. כשהגרנולה מקבלת צבע זהבהב מוציאים מהתנור ומניחים להתקרר.

כשהגרנולה הצטננה מערבבים יחד עם התוספות, מכניסים לצנצנת אטומה ושומרים במקום קריר.

לא מומלץ לקלות את האגוזים והזרעים, משום שהם מתחמצנים. אם בכל זאת בוחרים לקלות אותם, כדאי לקלות אותם בנפרד מהשיבולת שועל, לזמן קצר יותר. להניח גם להם להצטנן ורק אז לערבב עם השיבולת שועל.

* ניתן גם לוותר לחלוטין על ההמתקה ולהסתפק במתיקותם של הצימוקים או הפירות היבשים האחרים

מתאים לכל הדושות
ואטה - לא לנשנש כחטיף יבש

גרנולה מכוסמת מונבטת

כוסמת מצוינת לטיפוסי קאפה או לכאלה שרוצים לרדת במשקל
כדי להנביט כוסמת יש להשתמש בכוסמת ירוקה. הכוסמת החומה
עוברת קלייה ולכן לא ניתן להנביטה

4 כוסות גרנולה מונבטת (הסבר בהמשך)
רבע כפית הל
2 כפיות קינמון
4 כפות שומשום מלא
כוס אגוזים קצוצים (קאשיו, אגוזי מלך, שבבי שקדים, גרעיני חמניה, דלעת)
חצי כוס צימוקים/אוכמניות/ דבלים חתוכות לקוביות או רצועות – או ערבוב של הכל
כוס אמרנט מוקפץ בסיר יבש ללא שמן (כמו פופקורן) - לא חובה
המתקה (אופציונלית): רבע כוס או פחות סילאן או מייפל. אם מכניסים לגרנולה מספיק פירות אין צורך בהמתקה נוספת

מערבבים את הכוסמת המונבטת עם הקינמון וההמתקה (את ההל מומלץ להוסיף אחרי הקלייה לשמירת הארומה)

מניחים על גבי נייר אפייה וקולים בתנור למשך רבע שעה על חום בינוני-נמוך. מערבבים מדי כמה דקות. מניחים להצטנן ומערבבים עם יתר חומרי הגרנולה ומאחסנים בצנצנת זכוכית.

למי שנרתע מטעם הכוסמת אפשר להוסיף גם שיבולת שועל ולקלות יחד עם הכוסמת.

איך מנביטים כוסמת?

משרים כוסמת ירוקה למשך כשעתיים. מסננים מהמים, מניחים על גבי מסננת ומכסים במגבת. בקיץ יידרש יום אחד עד להתחלת נביטה. אין צורך להנביט עד שייצא נבט ארוך.

מצוין לקאפה (בייחוד אם מוותרים על ההמתקה)
פיטה - להימנע או לערבב עם כמות גדולה של שיבולת שועל
ואטה - להימנע

דייסת סולת טעימה

דייסת בוקר טעימה שיכולה לשמש גם כקינוח. גרסה מתונה ל-Halva ההודית, ממתק סולת עשיר. טעים עם כף יוגורט מלמעלה

חצי כוס סולת מלאה
כוס מים או יותר (או חלב אורז/שקדים)
כף גהי או שמן קוקוס
רבע כפית הל טחון
חופן צימוקים כהים וקאשיו (או שקדים קלופים)
המתקה: סילאן, מייפל, דבש (לאחר הבישול) או סוכר קנים

ממיסים את הגהי או השמן בסיר, מוסיפים את הסולת וקולים לשתיים-שלוש דקות. מוסיפים את הצימוקים והמים ומבשלים מספר דקות, עד שהדייסה מוכנה.

מאחר והסולת סופחת הרבה נוזלים במהירות כדאי לעמוד ליד הסיר ולהוסיף נוזלים עם צריך. את ההל מומלץ להוסיף אחרון, שלא יאבד מהארומה שלו.

אם בוחרים להמתיק בסוכר – יש להוסיפו במהלך הבישול. אם לא, ניתן להניח על הצלחת את הדייסה ולזגג מלמעלה מעט סילאן, דבש או מולסה ולפזר שקדים קלופים. קחו בחשבון שהצימוקים גם הם מתוקים כך שלא חובה להמתיק כלל.

טעים מאוד עם כף יוגורט ממותק עם מעט סילאן או דבש

קאפה - במתינות וללא תוספת היוגורט. המתקה מומלצת - דבש
פיטה וואטה - מומלץ

סלטים ועוד כל מיני

סלט טופו ובטטה צלויה

סלט ארוחה: ירקות טריים, בטטה צלויה ושניצל טופו. אפשר להוסיף גם קוביות אבוקדו וגרעיני חמניה ודלעת

ירקות לסלט: מלפפון, עגבניה, בצל ירוק/רגיל, גזר, סלק, נבטים או כל ירק אחר שאתם אוהבים בסלט
"שניצל" טופו חתוך לרצועות, כפי שמכינים במתכון בעמוד הבא
בטטה בינונית חתוכה לרצועות (לא דקות מדי)
קישוטים ותוספות: זיתים, גרעיני חמניה, גרעיני דלעת, קוביות אבוקדו
שמן זית לתיבול
מלח, פלפל
לימון טרי

צורבים את הטופו במחבת עם מעט שמן קוקוס ומתבלים. פורסים לרצועות ומניחים בצד (מתכון בעמוד הבא) אפשר גם לתבל את הטופו רק ברוטב סויה. אני מעדיפה את האופציה הראשונה.

צולים את הבטטה בתנור. אם זו בטטה אורגנית, כדאי להשאיר את הקליפה ולחתוך את הבטטה לרצועות, לתבל בשמן זית, מלח ופלפל ולהכניס לתנור עד שמתרכך. לממהרים: ניתן לחתוך את הבטטה לרצועות ולאדות בשושנת אידוי. שימו לב מאידוי יתר, שיהפוך את הבטטה למדולדלת. לאחר האידוי ניתן להקפיץ מספר דקות במחבת עם מעט שמן זית ומלח פלפל.

כשהתוספות לסלט מוכנות, קוצצים את הירקות הטריים לסלט. מתבלים בשמן זית, לימון, מלח ופלפל.

וכעת מרכיבים: עורמים את הירקות, מניחים את הטופו, מקשטים בבטטה הצלויה. מפזרים מעט גרעינים, וכמה זיתים, זילוף אחרון של שמן זית והסלט מוכן.

מיותר לציין שאין צורך בלחם. הסלט הזה משביע.

מתאים לפיטה
לקאפה: להוסיף יותר עלים ירוקים ונבטים לסלט. פחות מהבטטה
לוואטה: פחות ירקות טריים, יותר בטטה צלויה

"שניצל" טופו

בלי מרינדות מסובכות ובלי השריות ארוכות. קצת תבלינים ולמחבת
ויש מנת חלבון לארוחת צהריים

קוביית טופו איכותי

מעט שמן קוקוס

תבלינים: זרעי כוסברה טחונים, כמון, מעט פפריקה, מלח ופלפל.

אפשר לוותר על הפפריקה. היא נותנת גוון אדמדם נחמד

פורסים את הטופו לפרוסות, לא עבות מדי ולא דקות מדי

מחממים מחבת טובה עם שמן קוקוס, מניחים את פרוסות הטופו ובוזקים מהתבלינים בנדיבות. לאחר מספר דקות הופכים צד, מוסיפים עוד קצת שמן אם צריך ושוב בוזקים תבלינים.

כשהטופו נראה צלוי וזהוב מוציאים. שימו לב לא לייבש יתר על המידה.

אפשר לפרוס לפרוסות (לאחר ההכנה) ולהוסיף לסלט, או להשאיר חתוך בצורת פרוסה.

**

מה זה טופו איכותי: חפשו על האריזה את הכיתוב Non GMO שמעיד על כך שפולי הסויה לא עברו הנדסה גנטית. GMO = Genetically modified organism. ואם הוא גם יהיה אורגני אז בכלל טוב.

היום ברוב חנויות הטבע אפשר למצוא קוביית טופו איכותית ב-12 שקלים פלוס מינוס. למי שרוצה להשקיע בטופו איכותי במיוחד, אפשר לנסות את טופו קדיתא

לפיטה - יותר זרעי כוסברה, פחות פלפל שחור
לוואטה - יותר כמון. ויותר שמן קוקוס. פחות פלפל שחור
לקאפה - לתבל בנדיבות, בייחוד פלפל שחור

פיתות אורז

פיתות גאוניות. בלי גלוטן, רכות וטעימות. שורדות הקפאה מצויין. לא נפתחות כמו פיתה אבל עדיין ראויות לתואר פיתה

כוס אורז בסמטי מלא
כוס קינואה לבנה
חצי כפית מלח
חצי כפית סודה לשתייה ללא אלומיניום
כף מיץ לימון טרי

שוטפים את הדגנים ומשרים למשך לילה

למחרת שוטפים שוב, מסננים וטוחנים בבלנדר עם מיים, עד כדי כיסוי. בערך כוס.

הבלילה אמורה להיות סמיכה. מוסיפים את שאר המרכיבים ומערבבים.

מחממים מחבת נון סטיק ומוזגים עם מצקת ליצירת פיתות בגודל שבא לכם.

הופכים צד כשמתחילים לראות בועות ומעט השחמה.

מצננים היטב לפני ההקפאה

לוואטה - מתאים. כדאי לאכול עם גהי או שמן זית-זעתר
לפיטה - מתאים
לקאפה - אפשר לנסות יחס של 2/3 קינואה, 1/3 אורז.
ולהוסיף תיבול כמו אורגנו/טימין

קרפ כוסמת וקינואה

הקרפ האולטימטיבי. ממליצה בחום לנסות, גם למי שיש רתיעה מכוסמת. בעיני השילוב יחד עם קינואה יוצר את הטעם והמרקם המושלם. וגם איזון טוב בין חימום לקירור

כוס כוסמת ירוקה
כוס קינואה לבנה
2 כפות שמן קוקוס, זית או כל כל שמן אחר שאוהבים
חצי כפית-כפית מלח. לטעמכם
תיבולים אפשריים נוספים: אורגנו, זרעי כוסברה, חתיכת סלק קטנה אם רוצים צבע, פטרוזיליה/כוסברה/שמיר/בזיליקום

משרים את הכוסמת והקינואה. מינימום 6-8 שעות. הכי טוב ללילה. למחרת שופכים את מי ההשריה, שוטפים ומעבירים לבלנדר חזק עם כוס וחצי מים, מלח ושמן.לטחון עד שמתקבלת בלילה חלקה. כדאי להתחיל בכוס וחצי מים, אם רוצים קרפים דקים יותר אפשר להוסיף עוד חצח כוס מים.

הכנת הקרפים:

כדאי שתהיה לכם מחבת נון סטיק טובה.

מורחים מעט שמן (זרעי ענבים, קוקוס או זית) עם מברשת. בעזרת מצקת יוצקים מהתערובת ומזיזים את המחבת כך שיווצר קרפ עגול ויפה. לאחר מספר דקות הופכים לצד השני.

הראשון תמיד יוצא פחות טוב. זה מין חוק טבע שכזה. הבאים בתור רק ילכו וישתפרו, ככל שהמחבת תהיה יותר חמה. אז לא כדאי להתייאש :)

אפשר לשמור את הבלילה בקופסה במקרר כמה ימים ולהכין מתי שרוצים. לפעמים צריך להוסיף קצת מיים. ואפשר גם להכין מראש ולשמור במקרר ואז לחמם במחבת או בטוסטר אובן.

בעיני זו ארוחת ערב מושלמת. אפשר למלא בירקות אנטי פסטי או בירקות טריים, לאכול עם אבוקדו או טחינה, להכין חביתה דקה ולגלגל יחד, לצד מרק או כל רעיון אחר.

ואפשר גם להשאיר חלק מהבלילה לטובת כמה קרפים מתוקים. ואז מוסיפים קצת קקאו וקינמון, תמצית וניל וקצת מייפל או סילאן. אני מעדיפה לא להוסיף המתקה לבלילה, כי זה גורם לקרפים קצת להידבק ולהמתיק אחר כך, בצלחת.

מאחר וגם כוסמת וגם קינואה הם מייבשים, לוואטה או למי שסובל מיובש כדאי להמעיט בקרפים האלה או להוסיף דגן נוסף, כמו למשל גרעיני שיבולת שועל שלמים.

לוואטה: פחות מתאים, בייחוד לא בסתיו או בחורף. ובכל מקרה, לאכול עם דברים שומניים כמו אבוקדו, טחינה, גהי. כדאי להוסיף סלק לבלילה
לפיטה: מתאים מאוד. אפשר לשנות את היחס לכיוון של כוס וחצי קינואה (מקררת) וחצי כוס כוסמת (חמימה)
לקאפה: מושלם. אפשר להגדיל כמות הכוסמת

פסטת קישואים קיצית

הפסטה מבושלת אל דנטה, הקישואים טריים והזיתים
והעלים נותנים את הטוויסט

מנת פסטה מלאה מבושלת אל דנטה (מוריד את המדד הגליקמי!)
קישוא או זוקיני מגורדים גס בפומפייה
4-5 זיתים שחורים איכותיים
חופן בזיליקום/מרווה/נענע/אורגנו או תערובת של כל הארבע, קרועים ביד
שמן זית בכבישה קרה
מעט מלח ופלפל
אופציונלי: כף יוגורט/גבינת עזים קשה/ שמרי בירה

מבשלים את הפסטה, מסננים ומניחים בצד

מגרדים את הזוקיני ומניחים על גבי הפסטה, מקשטים בעלים ירוקים, זיתים שחורים, מלח ופלפל ושמן זית

קיצי ורענן. מתאים לארוחת ערב קלה.

אפשר להעשיר עם כף יוגורט עזים או שמרי בירה.

שמרי בירה, מלבד זה שהם מעניקים טעם ומרקם גביני - הם גם בריאים מאוד, בייחוד לצמחונים וטבעונים. הם מכילים הרבה ברזל, חלבון ואת כל הוויטמיני B.

בחורף אפשר להמיר את הקישוא החי בקישוא מוקפץ

מצוין לפיטה
טוב לקאפה - עם אקסטרה פלפל שחור ועלים ירוקים
לוואטה - כדאי לאדות את הזוקיני עם מעט שמן זית ולא לאכול אותו חי

סלט שומר וקימל

מי שממש לא יכול לסבול קימל יכול לנסות לתבל עם זרעי כוסברה. אבל שווה לנסות את הקימל, זה טעים ומיוחד (וגם עוזר להפיג גאזים!)

2-3 שומר טרי חתוך לרצועות
שמן זית לתיבול
זרעי קימל שלמים שנקלו ל-2-3 דקות במחבת יבשה
לימון טרי סחוט
מלח ופלפל

פורסים את שומר לרצועות. מניחים בקערה.

מוסיפים את כל שאר המרכיבים, מערבבים ומגישים.

לאחר כמה שעות הסלט משתבח, השומר סופג את החמיצות של הלימון ומתרכך, אז שווה להכינו מבעוד מועד.

לא חובה לקלות את הקימל אבל כדאי. זה מוסיף לו פריכות נעימה שמתפצחת בפה.

מצוין לקאפה
טוב לפיטה - עם קצת פחות קימל, כי הוא מחמם. אפשר להמיר בזרעי כוסברה, שיותר מתאימים לפיטה
לוואטה - במתינות ועם יותר שמן זית

סלט מאש ירוק עם הרבה כוסברה

מאש היא המהוללת שבקטניות. מנקה דם, קלה לעיכול ומחזקת את כל הרקמות. את הסלט הזה אפשר לאכול קר או חם והוא תמיד טעים

כוס מאש ירוק (רצוי מושרה ומונבט - לא חובה)
צרור כוסברה
פלפל אדום
מלח, פלפל
כמון
שמן זית
שום כתוש (אפשר להמיר ברצועות בצל)
מעט לימון סחוט טרי או חומץ תפוחים

מבשלים את המאש כעשרים דקות ללא מלח, מסננים מהמים ומניחים להתקרר (לסובלים מגאזים אפשר להוסיף בבישול מעט כורכום או פיסת ג'ינג'ר או שום)

קוצצים את הכוסברה ואת הפלפלים חותכים לרצועות.

מערבבים את כל שאר החומרים ומתבלים.
תוספת אפשרית: גרעיני חמניה או דלעת (לא קלויים)

מאש היא קטניה קלה יחסית לעיכול כך שאם ממהרים אפשר לוותר על שלב ההשריה

מתאים לשלוש הדושות
לטיפוסי קאפה וואטה מומלץ לאכול אותה חמה. טיפוסי ואטה יכולים להפחית בכמות הכוסברה

מנגולד עם פטריות וג'ינג'ר

ירקות מוקפצים, לא יותר מ-5-6 דקות. הפטריות נשארות פריכות ועסיסיות והמנגולד מתרכך אבל לא הופך לחסר צורה. הקפצה קצרה היא דרך טובה להכניס קצת אגני, אש עיכול, למנה

4-5 עלי מנגולד

קופסת פטריות טריות

מעט ג'ינג'ר טרי

שמן זית

מלח ופלפל

קוצצים את המנגולד ואת הפטריות. את הפטריות כדאי לחתוך לפרוסות עבות.

את הגינג'ר מגרדים בפומפיה או קוצצים דק.

במחבת קרמית מניחים את כל הירקות עם מעט שמן זית ומקפיצים מספר דקות. מתבלים ומגישים עם אורז מלא, קינואה, גריסי פנינה או כל דגן אחר

טוב לפיטה - אפשר להפחית מכמות הג'ינג'ר
לקאפה - להפחית בכמות הפטריות ולהגדיל את כמות הג'ינג'ר
לוואטה - במתינות. להוסיף אקסטרה ג'ינג'ר ואסקטרה שמן זית

סלט קינואה עם סלק ויוגורט עזים

קינואה עתירה בערכים תזונתיים ומתפקדת כחלבון. את הקינואה מומלץ לבשל כמו שמבשלים פסטה (מאחר והיא מכילה חומר שנקרא ספונין שאותו אנחנו לא רוצים בתבשיל), וכאשר היא מוכנה (מעט נפתחת ומתרככת) לסנן את המיים ולשטוף אותה. את הסלט הזה אני מכינה עם קינואה לבנה. אפשר גם עם אדומה או חצי חצי

כוס קינואה מבושלת (ראו הערה)
2 סלקים בינוניים טריים, מגוררים בפומפייה
מעט שמן זית
מעט חומץ תפוחים (אפשר להמיר בלימון ולהוסיף מעט מיץ תפוז סחוט טרי)
גרעיני דלעת
מלח, פלפל
אופציונלי: כף יוגורט עזים

מבשלים את הקינואה (כמו שמבשלים פסטה), מסננים את המיים, שוטפים ומניחים להצטנן למספר דקות.

מגרדים בפומפייה את הסלק החי, מערבבים עם הקינואה, מוסיפים שמן, חומץ תפוחים, גרעיני חמניה ומתבלים.

עם ההגשה אפשר להוסיף כף יוגורט עזים מלמעלה.

מומלץ לפיטה
לקאפה - להפחית או להימנע מהיוגורט
ואטה - במתינות. להוסיף אקסטרה שמן זית

סלט עדשים שחורות וסלרי

סלרי הוא מקור טוב לנתרן (מלח) אורגני. הוא מסייע לשמור על לחץ דם תקין ויש מי שמייחסים לו גם תכונות של הגברת חשק מיני

2 כוסות עדשים שחורות או חומות
2 שיני שום כתוש
2 גבעולי סלרי קצוצים
חופן עלי כוסברה קצוצים
שמן זית ולימון לתיבול
חצי כפית כמון טחון
מלח (במתינות, הסלרי מלוח)
שקדים קלופים לעיטור/קאשיו קלוי ל-2-3 דק'/גרעיני דלעת

מבשלים את העדשים עד להתרככות. מסננים ומניחים להם להתקרר. מערבבים את יתר החומרים עם הסלט ומגישים

מצוין לקאפה. עדיפות לעדשים חומות ולא שחורות
טוב לפיטה: להפחית מכמות השום ולהוסיף כוסברה טרייה
לוואטה - במתינות רבה. להוסיף אקסטרה שום ושמן זית

סלט מאש ירוק עם עגבניות וטחינה

מאש היא המהוללת שבקטניות. מנקה דם, קלה לעיכול ומחזקת את כל הרקמות. את הסלט הזה אפשר לאכול קר או חם

כוס מאש ירוק (רצוי מושרה, לא חובה אם ממהרים. כדאי ומומלץ להנביט את המאש)
טחינה משומשום מלא
2-3 עגבניות (לטיפוסי פיטה – מומלץ להשתמש בעגבניות שרי)
שמן זית
מלח, פלפל
שום
לימון
תוספת מומלצת: עלי זעתר, טריים או יבשים

מבשלים את המאש במים ללא מלח עד לריכוך. ניתן להוסיף בבישול מעט <u>כורכום</u> או פיסת <u>ג'ינג'ר</u> או <u>שום</u> כדי למנוע גזים. מסננים ומניחים להתקרר

חותכים את העגבניות לקוביות או פלחים

מכינים טחינה ומתבלים עם שום, מלח ופלפל

מערבבים את המאש עם העגבניות ומתבלים בשמן זית, מלח, פלפל ומעט לימון, יוצקים מעט טחינה מלמעלה ומגישים

אפשר להוסיף גם עלי זעתר טריים או יבשים.
טעים לצד קינואה, אורז מלא או דגן אחר. או עם קרקרים איכותיים או לחם קלוי

מצוין לקאפה
לפיטה - להפחית מכמות השום והעגבניות. רצוי להמיר את העגבניות בעגבניות שרי מתוקות ולהוסיף כוסברה קצוצה
ואטה - להוסיף אקסטרה טחינה ושום

סלט תפוזים וזיתים שחורים

סלט מרוקאי טעים ופיקנטי

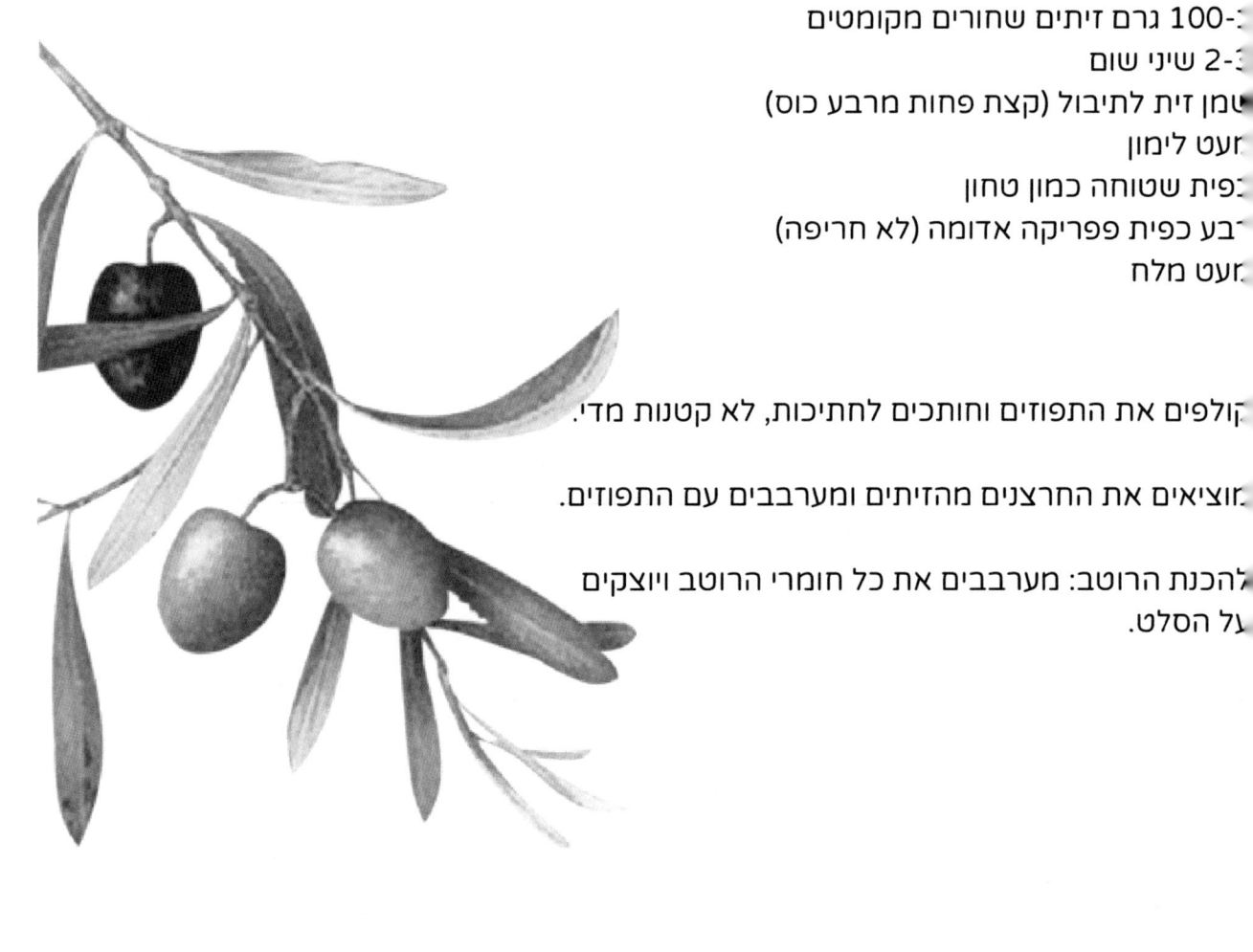

4- תפוזים חמצמצים
100- גרם זיתים שחורים מקומטים
2- שיני שום
מן זית לתיבול (קצת פחות מרבע כוס)
עט לימון
פית שטוחה כמון טחון
בע כפית פפריקה אדומה (לא חריפה)
עט מלח

קולפים את התפוזים וחותכים לחתיכות, לא קטנות מדי.

וציאים את החרצנים מהזיתים ומערבבים עם התפוזים.

להכנת הרוטב: מערבבים את כל חומרי הרוטב ויוצקים
על הסלט.

לא מומלץ לפיטה ולקאפה
טוב לוואטה

פשטידת דוחן וזוקיני

הפשטידה הזאת היא דרך טובה לאכול דוחן, למי שמתקשה להתיידד עם הדגן הזה. דוחן מכיל הרבה פרוטאין (חלבון מלא!) וטוב להורדת משקל.

כוס דוחן. רצוי להשרות לכמה שעות
ולשטוף היטב מספר פעמים
5-6 זוקיני (או קישואים)
בצל בינוני
מעט שמן זית
גביע יוגורט עזים (לא חובה. נותן לפשטידה
מרקם עשיר יותר)

כוס דוחן. רצוי להשרות לכמה שעות
ולשטוף היטב מספר פעמים
5-6 זוקיני (או קישואים)
בצל בינוני
מעט שמן זית
גביע יוגורט עזים (לא חובה. נותן לפשטידה
מרקם עשיר יותר)

מבשלים את הדוחן עם שתי כוסות מים ומעט מלח, כמו שמבשלים אורז. מניחים בצד.
מגרדים את הזוקיני בפומפייה גסה וסוחטים מהנוזלים
קוצצים בצל ומזהיבים קלות עם מעט שמן זית. מוסיפים את זרעי הכוסברה (כתושים במכתש ועלי או טחונים)
מוסיפים לבצל המוזהב את הקישואים/זוקיני וממשיכים בבישול לכ-10 דקות או פחות.
מערבבים את הדוחן עם הקישואים. מוסיפים שתי ביצים ואת היוגורט והקמח חומוס. אם התערובת מאוד דלילה – להוסיף עוד קצת קמח. מוסיפים את התבלינים ומתקנים אם צריך.

משמנים תבנית מלבנית (או מניחים נייר אפייה) ושופכים את התערובת. מפזרים קצח מלמעלה.
אופים בחום בינוני כשעה, עד שמזהיב. כדאי לתת לפשטידה קצת להתמצק לפני שפורסים אותה.
טעימה מאוד גם יום-יומיים אחרי

אפשר להמיר את הדוחן בקינואה או לערבב את שניהם. ואת הקישואים בכל ירק אחר שרוצים. אפשר להוסיף גם כוסברה קצוצה או פטרוזיליה או בזיליקום. בקיצור - כיד הדמיון הטובה.

לטבעונים - אפשר בקלות להשמיט את הביצים והיוגורט ולפצות עם יותר קמח חומוס

בגלל שדוחן הוא חלבון מלא, הפשטידה הזאת יכולה לשמש כארוחה בפני עצמה, עם סלט לצידה.

מצוין לקאפה. להוסיף אקסטרה תבלינים
ואטה במתינות ולהוסיף אקסטרה שומניות או לאכול עם טחינה
פיטה - במתינות

קרקר אורז צבעוני

קרקרים טעימים ובריאים כשמתחשק משהו קריספי ומלוח
ורוצים להשאר בגבולות הנשנוש הבריא

כוס אורז עגול מלא
חצי כוס פשתן - מושרה בכוס מים לכמה שעות (מינימום שעה)
1/2 כוס שומשום שחור או לבן או חצי חצי
1/2 כוס גרעיני חמנייה אפשר חצי גרעיני דלעת
כפית מלח איכותי. אפשר קצת יותר או פחות לפני הטעם

וריאציות:
לקרקר צהבהב: חצי כפית כורכום. או כפית אם אתם אוהבים כורכום
לקרקר ירקרק: כפית אורגנו
לקרקר ירוק ממש: כפית אבקת ספירולינה
לקרקר אדום: כפית פפריקה אדומה או מעושנת

משרים את הפשתן במים למינימום שעה, עד שהמים הופכים לריריים.
טוחנים את האורז העגול לאבקה, אפשר בבלנדר חזק או במג'ימיקס. לא כדאי להשתמש בקמח אורז, זה פחות טוב לקרקרים.
מערבבים את כל החומרים, מלבד תיבולי הצבעים.
אם רוצים להכין קרקרים בכמה צבעים (כדאי!) - מחלקים את התערובת ומוסיפים את התיבול-צבע הרצוי (במקרה הזה אולי כדאי להכפיל את הכמויות)

מרדדים בין שני ניירות אפייה משומנים קלות, עד שמתקבל עלה דק ואחיד.
מסירים את הנייר העליון ומניחים עם התחתון בתבנית אפייה.
אופים כ-15-20 דקות, ב-180 מעלות.
שוברים ביד לחתיכות גסות, מי שמעדיף צורות יותר "מסודרות" אפשר לנסות גם עם סכין.

אם הקרקרים לא יצאו מספיק קראנצ'ים לטעמכם אפשר גם אחרי החיתוך להכניס לתנור לעוד כמה דקות, עדיף בטורבו.

מאחסנים בקופסא אטומה.
יכול להיות נשנוש או ארוחת בוקר, עם אבוקדו, פסטו, גבינת שקדים ועוד ועוד

לוואטה: פחות מתאים
לפיטה: עדיף עם אורגנו/כוסברה
לקאפה: מתאים. כדאי עם הרבה כורכום ויותר גרעיני דלעת

לביבות בטטה ודוחן

מתכון מהגן האנתרופוסופי של הבת שלי. ושם הן הלהיט של יום רביעי (יום הדוחן). אז אם ילדים מתים עליהן, יש סיכוי סביר שגם אתם

כוס דוחן. שטוף היטב מספר פעמים. אם מסתדר לכם גם להשרות לשעה-שעתיים, עדיף
בטטה גדולה
3 גזרים
בצל מגורד בפומפייה או טחון בבלנדר מוט או קצוץ ממש דק
חצי כפית כמון
כפית כורכום
כפית מלח או פחות

אחרי ששוטפים היטב את הדוחן (זה מוציא ממנו טעם לוואי מעט מריר שלעתים עשוי להיות לו) מבשלים אותו בסיר עם 2.5 כוסות מים.

מאדים את הבטטה עד לריכוך

מגררים את הגזרים בפומפייה דקה וגם את הבצל

מערבבים את כל החומרים יחד עם הדוחן המבושל. טועמים לבדוק שלא חסר כלום.

יוצרים לביבות ומניחים על גבי נייר אפייה. מורחים עם מברשת מעט שמן זית על כל לביבה.

אופים כחצי שעה ב-180 מעלות

השילוב של הבטטה הלחה והדוחן היבש הופך אותן למאוזנות יחסית ולכן מתאימות לכולם.

לוואטה - אפשר להגדיל את כמות הבטטה
לפיטה - מצויין
לקאפה - אפשר להגדיל את הדוחן על חשבון הבטטה. להוסיף יותר כורכום גם פלפל שחור

קציצות זוקיני וקמח חומוס

קמח חומוס הוא "דבק" מצוין לקציצות ולחביתות. מחליף ביצים מקצועי. את הקציצות אפשר לאפות או להכין במחבת עם מעט שמן

ל-10-15 קציצות
כוס קמח חומוס
2 כוסות זוקיני (או קישוא) מגורר בפומפייה
בצל קצוץ דק
רבע כוס פטרוזיליה קצוצה
רבע כוס שמן זית או שמן קוקוס בכבישה קרה
חצי כפית כמון
מלח ופלפל

מערבבים את כל החומרים עד שמתקבלת עיסה דביקה אך לא מדי נוזלית

בידיים משומנות יוצרים קציצות ומניחים על מגש עם נייר אפייה משומן קלות.

אפשר גם להכין במחבת עם מעט מאוד שמן.

לאפות כרבע שעה-20 דקות ולהיזהר לא לאפות יתר על המידה ולייבש מדי את הקציצות.

אפשר כמובן להמיר את הזוקיני בכל ירק אחר או להוסיף ירקות נוספים כמו גזר מגורר, דלעת או בטטה.

אם בוחרים לטגן, כדאי לעשות את זה עם שמן הקוקוס, שעמיד יותר לחום ומתחמצן פחות בקלות

טוב לקאפה ולפיטה
לוואטה - להוסיף אקסטרה שמן ולוודא שהקציצה לא יבשה מדי

קציצות כוסמת

הכוסמת מחממת ומייבשת. עשירה בברזל ובסידן. למי שלא אוהב את טעמה המקורי - כדאי לנסות את הקציצות.
כדאי לקנות כוסמת לא קלויה, שצבעה ירוק ולהנביט אותה

כוס כוסמת ירוקה (כדאי מונבטת)
2 כוסות מים
3 בצלים ירוקים קצוצים (או בצל רגיל)
חופן עלי פטרוזיליה קצוצים (או כוסברה או שילוב של השניים)
ביצת חופש
לתיבול: אם רוצים ללכת לכיוון אסיאתי – רוטב סויה (לפי הטעם, ואז אין צורך בתוספת מלח) אם רוצים ללכת לכיוון מזרחי: כמון ואז יש צורך בתוספת מלח ופלפל
רבע כוס זרעי חמניה
חצי כוס קמח מלא או קמח חומוס
מעט שמן לטיגון קל

מבשלים את הכוסמת עד שהיא מוכנה, כ-10 דקות. ומניחים להצטנן
מערבבים את הכוסמת עם שאר החומרים. בידיים רטובות יוצרים קציצות קטנות ושטוחות.
טובלים את הקציצות בקמח ומטגנים במעט שמן
אפשר גם לאפות את הקציצות בתנור. מניחים מעט שמן על נייר אפייה ואופים למשך כחצי שעה. באמצע כדאי להפוך את הקציצות.

איך מנביטים כוסמת?

משרים כוסמת ירוקה למשך כשעתיים. מסננים מהמים, מניחים על גבי מסננת ומכסים במגבת. בקיץ יידרש יום אחד עד להתחלת נביטה. אין צורך להנביט עד שייצא נבט ארוך.

מצוין לקאפה - לוותר על הטיגון ולאפות
ואטה ופיטה - במתינות. לפיטה - להוסיף אקסטרה כוסברה

פלאפל דוחן

בצפון הודו הדוחן נקרא bajra ובדרום raggi. הדגן השלישי הכי נפוץ בהודו אחרי אורז וחיטה. לרוב נטחן ומעורבב עם קמחים אחרים ומשמש לאפיית לחמים. מכיל הרבה פרוטאין וטוב להורדת משקל

כוס דוחן (רצוי מושרה לכמה שעות ולאחר מכן לשטוף מספר פעמים, זה מוציא את המרירות שיש בדוחן)
כוס קינואה אדומה (אפשר גם לבנה. עם האדומה יוצא יותר יפה)
שליש כוס קמח חומוס (אם אין – אפשר גם קמח חיטה מלאה)
3-4 שיני שום כתושות
כפית גדושה כמון (אפשר גם מעט יותר אם אוהבים)
חופן פטרוזיליה וכוסברה טחונים או קצוצים דק מאוד
מלח סלעים ופלפל שחור
מעט שמן זית

מבשלים את הדוחן (כוס דוחן עם שתי כוסות מים. מביאים לרתיחה ומבשלים עד אידוי הנוזלים, כמו בישול אורז)

בסיר נפרד מבשלים את הקינואה. את הקינואה מומלץ לבשל בסיר עם מים, כמו פסטה. ועם סיום הבישול לסנן את הנוזלים ולשטוף.

כשהקינואה והדוחן הצטננו מוסיפים את יתר החומרים. שימו לב שלא שומני יותר מדי או לחילופין שלא יבש מדי.

מתקנים תיבול אם צריך ויוצרים עיגולים (בעזרת ידיים מעט רטובות) ומניחים על גבי נייר אפייה.

אופים בחום בינוני כ-25 דקות.

טעים עם צ'פאטי, טחינה וסלט ירוק

מצוין לקאפה
פיטה וואטה - במתינות

ציידים ותבשילים

טופו מאסאלה

מבוסס על המנה המפורסמת פאניר מסאלה, רק שבמקום הפאניר, הגבינה, יש טופו. הדרך הכי עסיסית ומפנקת לאכול טופו, ששוחה ברוטב פיקנטי אדמדמם

חבילת טופו קשה
4-5 שיני שום
2 בצלים גדולים
4 עגבניות בשלות מגורדות בפומפיה (או עגבניות חתוכות muti למשל)
חתיכת ג'ינג'ר טרי (כס"מ וחצי) מגורד בפומפיה דקה.
5-6 כפות שמן - זרעי ענבים או חמניות בכבישה קרה או קוקוס
כוס מיים

2 כפיות תערובת גאראם מאסאלה איכותית
כפית זרעי כוסברה טחונים
כפית שטוחה כורכום
פלפל ירוק חריף/צ'ילי - אופציונלי
חופן כוסברה טרייה קצוצה לקישוט
כפית מלח או לפי הטעם
חצי כוס קרם קוקוס - אופציונלי. למי שרוצה "לקרר" קצת את המנה ולעשות אותה יותר קרמית
קאשיו קלוי - לתוספת קישוט, למנה חגיגית יותר

חותכים את הטופו לקוביות ומזהיבים אותו במחבת עם מעט שמן. מניחים בצד.

אם יש לכם בלנדר מוט או מג'ימיקס - מכניסים את הבצל, השום והג'ינג'ר וטוחנים למחית חלקה. אפשר להוסיף מעט שמן כדי שיהיה קל יותר לטחון.

(אם אין: קוצצים את הבצל דק מאוד מאוד. את השום כותשים ואת הג'ינג'ר מגדרדים בפומפיה).

את המחית שהתקבלה מכניסים לסיר עם שמן ומזהיבים לכמה דקות. מוספים את זרעי הכוסברה הטחונים, הכורכום והפלפל החריף (אם רוצים) ומערבבים שלא יידבק.

מוסיפים את העגבניות ומערבבים. ממליחים ומוסיפים את הגראם מסאלה. כשכל התערובת נראית הומוגנית, מוסיפים כוס מיים ומבשלים כ-40 דקות. לאחר כ-20 דקות בערך מכניסים את קוביות הטופו המוזהבות.

אם אתם רוצים להעשיר את הרוטב ובעיקר מעט לקרר אותו, בעשר דקות האחרונות מוסיפים קרם קוקוס. אפשר גם הרבה יותר מחצי כוס, לפי טעמכם. אפשר גם להתפרע עם שמנת מתוקה לבישול.

מקשטים עם כוסברה טרייה קצוצה, שגם היא מקררת ומאזנת את החריפות ובקאשיו קלוי - אופציונלי. אפשר גם שקדים קלופים.

הכי טעים עם אורז בסמטי לבן, נקי, שיספוג לתוכו את עומק התבלינים.

לוואטה - מצוין. חם וארומטי. אפשר יותר שום ובצל. פחות כוסברה
לפיטה - להימנע מהפלפל החריף. כדאי להוסיף קרם קוקוס, שיקרר מעט את המנה והרבה כוסברה
לקאפה - להוסיף הרבה פלפל חריף. ללא קרם קוקוס

תבשיל פול ירוק-אפונה-מאש

תבשיל טעים שכל כולו חלבון וירקות. משביע ורענן. אם אין לכם מאש מושרה אפשר להכין רק עם פול ירוק ואפונה גינה.

כוס פול ירוק (אם לא בעונה אז קפוא)
כוס אפונת גינה (כנ"ל)
כוס מאש שהושרה לילה והונבט קלות - לא חובה להנביט אבל זה נותן לו יציבות טובה והוא לא מתפרק בתבשיל.
ירקות - אפשר לבחור איזה תמהיל שאוהבים:
כרוב חתוך לרצועות, שומר חתוך, מנגולד, תרד, בצל ושום, פטרוזיליה, כוסברה, שמיר או שלושתם, דלורית או דלעת חתוכים לקוביות גדולות יחסית, גזר חתוך לרצועות

תיבול: כפית זרעי כוסברה טחונים, כפית אורגנו מיובש או טרי, חצי כפית טימין מיובש או טרי, מלח ופלפל

מבשלים את המאש המושרה והמונבט קלות עד לריכוך. לא לבשל יותר מדי! זה ימשיך להתבשל עוד קצת גם בתבשיל. אפשר להוסיף לאותו סיר גם את הפול הירוק - שלא צריך הרבה בישול. מסננים ומניחים בצד.

חותכים את הבצל לרצועות ומזהיבים עם מעט שמן זית. מוסיפים שום אם רוצים. ואת זרעי הכוסברה הטחונים.

מוסיפים את הירקות היותר קשים - כרוב ושומר וגזר ולאחר מכן את הדלורית או הדלעת ולקראת הסוף את התרד והמנגולד. מוסיפים את התבלינים הירוקים - אורגנו וטימין

מוסיפים את אפונת הגינה (שלא צריכה בישול מקדים) ואת המאש והפול הירוק שבישלנו, מערבבים כך שכולם יקבלו את טעמי התיבול. מוסיפים מעט מיים ונותנים לכל התבשיל קצת להתבשל יחדיו.

מפזרים למעלה חופן עלים ירוקים - פטרוזילה, כוסברה, שמיר - מה שאוהבים.

מזלפים עוד קצת שמן זית ומגישים.

אפשר לאכול ללא תוספת - זה מאוד משביע. ואפשר לצרף אורז, קינואה או כל דגן אחר שאוהבים.

לוואטה - מצוין. חם וארומטי. אפשר יותר שום ובצל. פחות כוסברה
לפיטה - להימנע מהפלפל החריף. כדאי להוסיף קרם קוקוס, שיקרר מעט את המנה והרבה כוסברה
לקאפה - להוסיף הרבה פלפל חריף. ללא קרם קוקוס

קציצות ברוטב אדום

קציצות טעימות שאפשר להכניס לתוכן איזה ירקות שאוהבים ויש כרגע במקרר. קלות להכנה ותמיד מצליחות. אפשר עם או בלי רוטב. אבל כמובן שיותר טעים עם

טטה גדולה
-1 גזרים
לק קטן או חצי סלק (שלא יהיה מתוק מדי)
-1 קישואים/זוקיני
צל גדול או שניים בינוניים
צי כוס קמח עדשים כתומות
בע כוס קמח חומוס (או עוד קמח עדשים תומות)
-1 שיני שום
לח, פלפל
בע כפית כורכום
בע כפית זרעי כוסברה טחונים
פית בהרט לקציצות (לא חובה, אבל מתחבר וב למתיקות הבטטה)

לרוטב:
פחית עגבניות מרוסקות או 5-6 עגבניות טריות מגוררות בפומפייה
1-2 שיני שום כתושות
המיץ שנותר מסחיטת הירקות
מלח ופלפל
מעט סוכר חום להפגת החומציות
תבלינים אופציונליים: אורגנו, טימין, כוסברה טרייה או מה שאוהבים.
מוזמנים להכין את רוטב העגבניות החביב עליכם, רק אל תשכחו להוסיף את מי הירקות ולדאוג לזה שיהיה הרבה רוטב, כי בגלל קמחי העדשים הקציצות סופחות הרבה מהרוטב.

מצצים את הבצל ומזהיבים עם מעט שמן זית. מניחים בצד.
וגררים את כל הירקות בפומפייה ולאחר מכן סוחטים היטב מכל הנוזלים. את הנוזלים שומרים בקערה, אחר כך סיף אותם לרוטב האדום. אם יש קישואים, שימו לב לסחוט היטב.
וערבבים בקערה את הירקות הסחוטים, שום כתוש, תבלינים ומתחילים להוסיף את הקמחים. הכמות תלויה בסוג ירקות. מוסיפים עד שהעיסה מתמצקת אך עדיין נותרת לחה וניתן להכין ממנה קציצות. שימו לב לא להוסיף יותר מדי מח שייבש את הקציצות.
משמנים קלות נייר אפיה ומניחים את הקציצות. אופים כ-40 דקות ב-180 מעלות, עד שהקציצות משימות מעט התחתית נראית אפויה. מניחים להצטנן.

הכנת הרוטב:
חתשים את השום ומטגנים אותו במעט שמן זית לדקה-שתיים. מוסיפים את העגבניות ומערבבים.
מוסיפים את מי הירקות ומיים נוספים ומבשלים את הרוטב כ-10 דקות. כדאי להוסיף מספיק נוזלים, כדי שיהיה מספיק רוטב לקציצות לשחות בו.
מניחים את הקציצות המוכנות בתוך הרוטב ומוודאים שלכולן יש מספיק מקום ומספיק רוטב. אם חסר תמיד ניתן הכין עוד קצת ולהוסיף.
מבשלים יחד כ-20 דקות. הקציצות נרטבות וסופגות את הרוטב. טעים עם אורז, על פירה או ככה בלי כלום. הן שביעות ועשירות.

לוואטה מתאימות מאוד. עדיף עם קמח עדשים כתומות לפיטה כדאי שיהיו פחות עגבניות ברוטב. עדיף להוסיף כוסברה טרייה מצננת לקאפה להוסיף יותר קמח חומוס, שמייבש. אפשר להוסיף גם קצת צ'ילי

דאל עדשים כתומות

מנה הודית קלאסית, משביעה וטעימה. עתירת תבלינים ולכן
גם קלה לעיכול. ניתן להכין גם עם מאש/עדשים
חומות/שחורות

- כוס עדשים כתומות מושרות (לילה או כמה שעות)
- 2 עגבניות בשלות מגורדות בפומפיה
- בצל גדול קצוץ דק
- 3-4 שיני שום כתושות
- שמן זית או גהי
- כפית זרעי כוסברה טחונים
- כפית כמון טחון
- כפית שטוחה כורכום
- 4-5 עלי קארי, טרי או יבש
- כפית זרעי חרדל שחורים
- 2-3 פלפל אנגלי
- אצבע של ג'ינג'ר טרי כתוש/מגורד בפומפיה קטנה
- 2-4 תרמילי הל פתוחים
- כפית סוכר חום/ג'אגרי
- מיץ מחצי לימון
- מלח סלעים, פלפל שחור
- צ'ילי (במידה ואתם אוהבים חריף).
- חופן כוסברה קצוצה
- בתום הבישול: רבע כפית הל טחון, רבע כפית מוסקט טחון

שוטפים היטב את העדשים ומבשלים עד לריכוך עם חצי כפית מלח. מסירים את הקצף הלבן מלמעלה. לא מסננים את המיים.

במחבת מחממים מעט שמן זית או גהי. כשהשמן חם מוסיפים את זרעי החרדל, והפלפל האנגלי ו"פותחים" אותם לדקה-שתיים. מוסיפים את השום והג'ינג'ר הכתושים, ולאחר כמה דקות מוסיפים את הבצל הקצוץ דק. מבשלים עד להזהבה ומוסיפים את העגבניות. בשלב זה מוסיפים את הכמון, הזרעי כוסברה, תרמילי ההל, הכורכום ומיץ הלימון. מבשלים את כל התערובת כרבע שעה.

מוסיפים את תכולת המחבת לתוך סיר העדשים (עם מי הבישול). מבשלים כעשרים דקות עם מכסה. טועמים ומתקנים תיבול במידת הצורך - ניתן להוסיף עוד כמון וזרעי כוסברה.

רגע לפני שמורידים מהאש מוסיפים הל טחון ומוסקט טחון ואת הכוסברה הקצוצה. מגישים עם אורז בסמטי לבן או צהוב (עם כורכום)

מתאים לכל הדושות
לפיטה - פחות פלפל שחור, פלפל אנגלי וצ'ילי. כדאי להכין עם גהי
קאפה - יותר מהתבלינים החריפים: צ'ילי, זרעי חרדל ופלפל שחור ואנגלי
ואטה - להוסיף בהגשה גהי. להמעיט בתבלינים החריפים. יותר ג'ינג'ר וכמון

קיצ'רי ירוק

מג'דרה איורוודית שמכילה אורז (דגן), עדשים (קטנייה) – שביחד מייצרים חלבון מלא, וירקות. אפשר להכין קיצ'רי מאורז מלא ועדשי מאש ירקות (לשניהם לוקח כ-20-30 דקות להתבשל) או קיצ'רי מאורז בסמטי לבן ועדשי מאש צהובות (לשניהם לוקח כ-10-15 דקות להתבשל). הקיצ'רי קל לעיכול ולכן טוב לימים של ניקוי

חצי כוס עדשי מאש ירוקות. רצוי מושרות לילה או כמה שעות או מונבטות

חצי כוס אורז מלא (עגול או מוארך) אפשר גם חצי אורז וחצי גריסי פנינה (שילוב מצוין לקאפה ופיטה)

ירק או שניים או יותר לבחירתכם (קישואים, זוקיני, דלעת, גזר, בצל, מנגולד, כרשה, תרד ועוד)

מעט שמן זית או גהי

תבלינים (כורכום, זרעי כוסברה, כמון, קינמון ועוד)

מלח ופלפל

שופכים מעט שמן זית או גהי לתוך סיר, מוסיפים את התבלינים למספר שניות (באופן זה הם משחררים בצורה מירבית את תכונותיהם. לשים לב שלא יישרפו).

מוסיפים את הירק/ירקות חתוכים לקוביות או רצועות ומקפיצים קלות. אם מוסיפים בצל, מאדים קודם את הבצל.

מוסיפים את האורז והעדשים השטופים ומערבבים.

מכסים ב-2 וחצי כוסות מים, מביאים לרתיחה ולאחר מכן מחלישים את האש.

הקיצ'רי יהיה מוכן לאחר כ-20-25 דקות. במידה והעדשים נותרו קשות – ניתן להוסיף עוד מעט מים רותחים ולהמשיך בבישול.

כדאי להוסיף בצלחת מעט מיץ לימון טרי וגרעיני חמניה או דלעת ולאכול עם סלט ירוק

מתאים לשלוש הדושות
לקאפה - לתבל בתבלינים חמים כמו זרעי חרדל, חלתית, ג'ינג'ר ועוד
לוואטה - להוסיף קצת טחינה או שמן זית

גראירי חומוס עם חוביזה ותרד

חוביזה היא פצצת ברזל ואפשר למצוא אותה בכל מקום, גם בעיר. היא גדלה אמנם רק בחורף אבל אפשר להכין את המנה הזאת עם עוד הרבה עלים ירוקים אחרים

כוס חומוס מושרה ללילה
צרור תרד טרי או מנגולד
חופן חוביזה (לא חובה)
בצל בינוני
עגבניה בשלה חתוכה
2-3 שיני שום
2-3 כפות רסק עגבניות איכותי
מעט שמן זית
תבלינים: כורכום, זרעי כוסברה טחונים/כתושים, כמון, מלח ופלפל שחור

מבשלים את החומוס עד לריכוך. שוטפים ומניחים בצד. אפשר גם להנביט אותו. פשוט להשאיר במסננת, לאחר ההשריה, יום יומיים נוספים ורק לשטוף במיים במידה והתייבש.

שוטפים את הירק וחותכים עם הידיים לחתיכות גדולות (מכיוון שזה במילא מאוד מצטמק) אפשר להוסיף כל עלה ירוק שאתם אוהבים - שמיר, כוסברה, פטרוזיליה

מזהיבים את הבצל עם מעט שמן זית (אפשר גם עם גהי או שמן קוקוס), מוסיפים את התבלינים, השום והעגבניה ומערבבים.

מוסיפים את החומוס המבושל, את רסק העגבניות ומוסיפים כחצי כוס מים.

מבשלים כ-20 דקות עם מכסה, עד שהרוטב מסמיך וכל החומוסים נעשו אדמדמים.

רק בשלב הזה מוסיפים את העלים הירוקים. מבשלים עוד מספר דקות ומורידים מהאש.

מצוין לקאפה
מצוין לפיטה
לוואטה - לא מתאים

כוסמת ירוקה עם שמיר וזרעי כוסברה

לכוסמת יש הרבה יתרונות: היא חלבון מלא, אין בה גלוטן והיא מאוד משביעה, מזינה ולא משמינה.
ואם מכינים אותה נכון היא מרגישה בפה כמו פתיתים טעימים

כוס כוסמת ירוקה (לא קלויה)

כפית זרעי כוסברה כתושים במכתש ועלי או טחונים

חופן שמיר שטוף וקצוץ

שמן זית

לימון טרי

מלח ופלפל

מבשלים את הכוסמת עם שתי כוסות מים ומעט מלח. מניחים בצד להצטנן

קוצצים את השמיר, מערבבים עם הכוסמת המבושלת המוכנה. מוסיפים שמן זית, לימון, זרעי כוסברה קצוצים/טחונים ומלח ופלפל.

מתאים גם כמנה קרה וגם חמה וטעים גם לכאלה שנרתעים מכוסמת! הולך מצוין עם יוגורט עזים.

כוסמת נחשבת לדגן מחמם ומייבש ולכן השילוב עם השמיר הקצוץ הוא מושלם ומאזן את החום שלה. רוסים בדרך כלל נוהגים לאכול אותה קלויה (מה שמוסיף לפעולת הייבוש).

בחנויות טבע בדרך כלל ניתן למצוא כוסמת ירוקה לא קלויה

מצוין לקאפה
לוואטה - פחות מתאים. אם כן - להוסיף אקסטרה שמן זית/יוגורט/טחינה
פיטה - מתאים יותר בחורף. בקיץ - להוסיף אקסטרה עלים ירוקים כדי לאזן את החום

קיצ'רי שחור-אדום

מג'דרה הודית נהדרת עם עדשים שחורות, אורז בסמטי מלא, עגבניות ורוזמרין.

כוס עדשים שחורות מושרות לכמה שעות או לילה
כוס אורז בסמטי מלא. אפשר גם אורז מלא עגול. כדאי להשרות כשעה או יותר.
בצל בינוני
עגבניה בשלה מגורדת בפומפיה
2 כפות רסק עגבניות איכותי
3 כפות שמן זית להזהבת הבצל
רוזמרין טרי 1-2 ענפים. או מיובש (בערך כף)

1-2 עלי דפנה
חצי כפית כורכום
חצי כפית זרעי כוסברה טחונים
רבע כפית זרעי חרדל צהוב או שחור
חתיכת ג'ינג'ר קטנה (כס"מ) מגורדת בפומפיה
מלח ופלפל לפי הטעם
בהגשה: לימון טרי סחוט.
אפשר גם להוסיף שמרי בירה או פרמז'ן

מחממים את שמן הזית ומוסיפים את זרעי החרדל, עד שהם מתחילים לקפוץ. מוסיפים את זרעי הכוסברה והג'ינג'ר ולבסוף את הבצל. שימו לב לא לשרוף את התבלינים, זה אמור לקחת לא יותר מדקה.

מוסיפים את העגבניה המגורדת ורסק העגבניות, מערבבים מוסיפים את האורז והעדשים, שטופים ומסוננים היטב ממי ההשריה.

מוסיפים 3 וחצי כוסות מים, את עלי הדפנה והרוזמרין. מלח ופלפל. מביאים לרתיחה, מנמיכים את האש ומבשלים כחצי שעה, עד שכל המים מתאדים והעדשים והאורז רכים. אם צריך אפשר להוסיף מעט מים.

מניחים לנוח. מוסיפים מעט לימון ומגישים

אפשר גם לפזר מעט פרמז'ן. או שמרי בירה.

קיצ'רי היא מנה מאוזנת וקלה לעיכול שמתאימה לכל הדושות.

לפיטה - כדאי להמעיט בעגבניות ולהשתמש רק ברסק עגבניות (פחות חומצי)
לקאפה - יותר מכל התבלינים. ללא תוספת הגבינה/שמרי הבירה
ואטה - אפשר להעשיר עם גבינה.

גריסי פנינה עם חוביזה

מנה ירוקה בשתי דקות. את החוביזה קוטפים בחורף (הכי כדאי) או קונים אצל שכנינו הערבים. טעים עם כל דגן. אפשר גם להכניס אותה לשייקים ירוקים

חופן גדול של עלי חוביזה טריים
כוס גריסי פנינה
בצל
מעט שמן זית
לימון
מלח ופלפל

מטגנים קלות את הבצל ומוסיפים את גריסי הפנינה. מתבלים ומכסים בשתי כוסות מיים, מביאים לרתיחה ומנמיכים את האש. אפשר לבשל את גריסי הפנינה גם בלי הבצל - אבל בעיני זה מוסיף !

לאחר כ-20-30 דקות גריסי הפנינה יהיו מוכנים.

חולטים את עלי החוביזה במיים רותחים למשך 3-5 דקות. מניחים במסננת ונותנים לנוזלים להגיר.

מתבלים בשמן זית, לימון, מלח ופלפל, מניחים חופן ירוק מעל גריסי הפנינ

מצוין לקאפה ולפיטה
לוואטה - עדיף עם דגן אחר, כמו למשל אורז

קוסקוס מלא

אמנם מצריך שעתיים עבודה, אבל שווה כל דקה. אפשר להכין כמות גדולה ולהקפיא, להפשיר כל פעם מעט קוסקוס ולהכין מרק טרי

מצרכים לקוסקוס:
קילו סולת מלאה
100 גרם קמח כוסמין מלא
כוס וחצי מיים
רבע כוס שמן זית
כפית מלח סלעים

רבע כפית כרכום
* חצי מהתבלינים משתמשים בשלב הראשון של הכנת הקוסקוס וחצי שומרים לשלב האחרון של התזת המים

מצרכים למרק:
חצי קילו דלעת
2 כוסות חומוס מושרה (עדיף גם מונבט)
3 בצלים
4-5 גזרים
כרוב לא גדול
רבע כוס שמן זית

2 קישואים
רבע כפית כרכום
2-3 חוטי זעפרן (לא חובה)
רבע-חצי כפית פלפל שחור
מלח לפי הטעם

מערבבים את המים, השמן והמלח בקערה עד שהמלח נמס

מניחים כוס אחת של סולת במגש גדול ומפזרים אותה על גבי המגש. מוזגים כ-8 כפות (בהדרגה) מתערובת השמן והמים במרכז המגש ומתחילים לערבב בתנועות סיבוביות, כאשר כף היד נותרת פתוחה. כאשר מתחילים להתקבל גרגירים מוסיפים כף קמח וממשיכים בערבוב לשתיים-שלוש דקות נוספות. הקמח "סוגר" את הגרגירים

את התערובת שהתקבלה מסננים דרך מסננת דקה (מסננת קוסקוס) ומניחים את מה שהתקבל בצד. אם נותרים במסננת גושים בצקיים שלא עוברים דרך המסננת, כדאי לזרוק אותם.

חוזרים על התהליך עד שמסיימים את כל הסולת. מניחים בצד.

בינתיים, מתחילים עם הכנת המרק.

להכנת הקוסקוס יש צורך בסיר קוסקוס או בסיר שניתן להניח עליו מסננת ולכסות אותה במכסה.

ממלאים את סיר הקוסקוס במים בגובה שלושה רבעים. מכניסים פנימה את החומוס שהושרה והונבט (או רק הושרה), 3 בצלים חתוכים לרבעים, רבע כוס שמן זית והתבלינים, מלבד המלח (כדי שלא יאט את התרככות החומוס) מניחים את הסיר על הגז וכאשר המים מתחילים לרתוח מניחים מעל המים את המסננת עם הקוסקוס שהנחנו בצד ומכסים במכסה. זהו האידוי הראשון. חשוב: לשים לב שהמים לא ייגעו בגרגירי הסולת.

אידוי ראשון: 30 דקות. עם מכסה

לאחר כחצי שעה, כאשר האדים מתחילים לפעפע מבעד לקוסקוס וגרגירי הקוסקוס כבר רכים, מורידים את הקוסקוס מסיר האידוי ומפזרים אותו על גבי המגש. מניחים לקוסקוס להתקרר מעט. עד למצב שבו אפשר לגעת בקוסקוס הרותח בכפות ידיים חשופות. או באמצעות כף מגרפה

כשהקוסקוס מעט התקרר מערבבים ומפוררים אותו בשתי הידיים. אם נוצרו גושים לחים ובצקיים - לזרוק אותם. בשלב זה מוסיפים כרבע כוס שמן זית. לשים לב שמפזרים את שמן הזית בהדרגה ושכל הגרגירים התערבבו עם השמן.

כשמסיימים עם השמן, מערבבים בשתי כוסות מים רותחים את יתרת התבלינים ומתיזים בהדרגה על גבי הגרגירים. המים גורמים לגרגירים להתנפח מעט (מחוץ לבטן שלנו ולא בתוכה) והופכים את הקוסקוס לקל יותר לעיכול.

מכסים את הקוסוקוס שבמגש בבד ומניחים לו לנוח כחצי שעה. אם יש לכם זמן - אפשר גם שעה או אפילו שעתיים. זה רק יגרום לו להיות טעים יותר.

אידוי שני: כ-40 דקות. ללא מכסה

בשלב הזה מוסיפים את כל הירקות של המרק, חתוכים לחתיכות גדולות. את הדלעת מוסיפים לאחר מכן, מאחר והיא מתרככת בקלות.

לאחר שהוספנו את כל הירקות והמרק שוב מבעבע, מחזירים את הקוסקוס לאידוי נוסף. הפעם ללא מכסה. שימו לב שהירקות מעלים את מפלס המרק וייתכן ויהיה צורך להוציא מעט מרק כדי שהקוסקוס לא ייגע בו.

לאחר כ-40 דקות הקוסקוס מוכן.

מניחים את הקוסקוס בפעם האחרונה על המגש מפוררים אותו קלות בעזרת כף מחוררת או כף מגרפה.

מניחים קוסקוס בצלחת הגשה, מרטיבים במעט נוזל מהמרק ומניחים מלמעלה את הירקות.

אפשר גם להקפיא את הקוסקוס לאחר האידוי השני. מניחים לו להצטנן היטב ומקפיאים ארוז היטב בתוך שקית. ואז כל מה שנותר הוא להכין מרק.

אורז בסמטי עם זרעי כמון – Jeera rice

טעים וקל לעיכול. מנה מצוינת לימים של עיכול לא טוב או החלמה ממחלה. זרעי הכמון מיטיבים מאוד עם מערכת העיכול

כוס אורז בסמטי לבן שטוף

2 כוסות מיים

2 כפיות זרעי כמון (שלם, לא טחון)

בצל

מעט שמן זית או גהי

מלח ופלפל

קוצצים את הבצל ומזהיבים קלות עם מעט שמן זית או גהי, עד שהבצל הופך לשקוף

מוסיפים את זרעי הכמון לדקה שתיים (לשים לב שלא נשרף)

מוסיפים את האורז, מלח ופלפל, מערבבים ומכסים בשתי כוסות מיים. מביאים לרתיחה ומנמיכים את האש.

טוב לשלוש הדושות

קינואה עם עדשים כתומות וגזר

מג'דרה הודית נהדרת עם עדשים שחורות, אורז בסמטי מלא, עגבניות ורוזמרין.

מעט שמן זית או גהי
חצי כוס קינואה (אדומה או לבנה) רצוי מושרית לכמה שעות
חצי כוס עדשים כתומות רצוי מושרות לכמה שעות
2 גזרים מגוררים בפומפייה גסה או דלעת חתוכה לקוביות או גם וגם
חצי בצל חתוך לרצועות
מלח פלפל
מעט ג'ינג'ר יבש טחון
מעט זרעי כוסברה טחונים או שבורים במכתש ועלי

מאדים קלות את הבצל עם מעט שמן זית או גהי עד שמזהיב, מוסיפים את התבלינים לדקה-שתיים, מוסיפים את הגזר המגורר וממשיכים באידוי עד שהגזר התרכך מעט.

מוסיפים את הקינואה והעדשים תוך כדי בחישה עד שהקינואה והעדשים מבריקות וקיבלו את כל הטעמים שבסיר. מוסיפים 2 כוסות, מביאים לרתיחה ומחלישים את האש.

מכסים ומבשלים כעשרים דקות, עד שהקינואה שקופה ורכה והעדשים רכות גם הן וכל הנוזלים התאדו. מניחים לנוח מספר דקות. על הצלחת מוסיפים מעט שמן זית או גהי, מערבבים ומגישים.

דרך נוספת ועדיפה להכין את המנה הזאת ובכלל תבשילי קינואה:

לבשל את הקינואה והעדשים בסיר נפרד עם הרבה מיים, כמו שמבשלים פסטה, לסנן ולהוסיף אותם לסיר עם הגזר והבצל ולסיים את הבישול. הדרך הזאת עדיפה לטיפוסי ואטה או לכאלה שסובלים מגאזים.

הקינואה וגם הקטניות מכילים ספונינים, חומרים דמויי סבון שמייצרים קצף שכדאי לשטוף

מצוין לפיטה ולקאפה
ואטה - פחות מתאים. אם כן - כדאי להוסיף גם חצי כוס בורגול ולהוסיף אקסטרה שמן זית או גהי

קיצ'רי צהוב

הקיצ'רי הזה מתבשל מהר יותר והוא גם קל יותר לעיכול. מתאים למצבים תיאבון נמוך, בעיות עיכול או בימי הקיץ כשהתיאבון לא גבוה. את המאש הצהוב מוצאים בחנויות שמייבאות מוצרים מן המזרח או בחלק מחנויות הטבע. אפשר להכין עם או בלי ירקות. מנה מצוינת לימים של ניקוי הגוף

חצי כוס עדשי מאש צהובות. אין צורך בהשריה. מאש צהוב הוא מאש מקולף. אפשר גם עם עדשים צהובות

חצי כוס אורז בסמטי לבן

ירק או שניים לבחירתכם (קישואים, זוקיני, דלעת, גזר, בצל, מנגולד, כרשה, תרד ועוד)
מעט שמן זית או גהי

תבלינים (כרכום, זרעי כוסברה, כמון, קינמון ועוד), מלח ופלפל

שופכים מעט שמן זית או גהי לתוך סיר, מוסיפים את התבלינים למספר שניות (באופן זה הם משחררים בצורה מירבית את תכונותיהם. לשים לב שלא יישרפו).

מוסיפים את הירק/ירקות חתוכים לקוביות ומקפיצים קלות. אם מוסיפים בצל, מאדים קודם את הבצל.

מוסיפים את האורז והמאש ומערבבים.

מכסים בשתי כוסות מים. מביאים לרתיחה, מחלישים את האש ומבשלים עד שכל הנוזלים מתאדים. כ-10-15 דקות.

כשמוכן כדאי להוסיף מעט מיץ לימון, זרעי חמנייה/דלעת ולאכול עם סלט או תבשיל ירקות

מתאים לכל שלוש הדושות.

אורז בסמטי עם קאשיו וצימוקים

מנה מרגיעה שמייצרת בתודעה איכות של satva - צלילות, בהירות ורוגע

כוס אורז בסמטי לבן שטוף
כף-שתיים גהי או שמן חמניות/זרעי ענבים בכבישה קרה
חופן צימוקים כהים
חופן קאשיו לא קלויים
1/3 כפית אבקת ג'ינג'ר יבש
1/8 כפית אגוז מוסקט
1/3 כפית הל טחון (או 4-5 תרמילים פתוחים)
1/8 כפית קינמון
מלח סלעים ופלפל שחורי

ממיסים את הגהי בסיר, מוסיפים את התבלינים, מלבד ההל, לדקה-שתיים.
מוסיפים את האורז והצימוקים ומערבבים.

מוסיפים 2 כוסות מים, מביאים לרתיחה, מנמיכים את האש ומבשלים כ-20 דקות, עד שהאורז מוכן.

במחבת יבשה קולים את הקאשיו למשך מספר דקות ומוסיפים לאורז

מתאים לכל הדושות. מנה סאטווית קלאסית
טיפוסי קאפה - במתינות עם הקאשיו

תבשיל דוחן עם בטטה והל

הרבה סיבות טובות לא להירתע מדוחן ולאכול אותו: הרבה חלבון. ולמעשה נחשב לחלבון מלא בפני עצמו. לא מכיל גלוטן. משביע ולא משמין. הטריק עם דוחן הוא פשוט. אם משרים אותו לכמה שעות ושוטפים היטב כמה פעמים, הוא מאבד מהטעם המעט מריר שלו ונהיה מאוד טעים!

כוס דוחן
2 כוסות מים
בטטה גדולה או שתיים קטנות
בצל סגול קטן (או לבן)
מעט שמן זית או קוקוס
כפית (או מעט יותר) ג'ינג'ר יבש או טרי מגורר
כפית זרעי כוסברה טחונים
רבע כפית הל - לא חובה

משרים את הדוחן לכמה שעות. לא כדאי לוותר על ההשריה. שוטפים היטב מספר פעמים במיים קרים.

קוצצים את הבצל ומזהיבים קלות עם מעט שמן זית. מוסיפים את זרעי הכוסברה והג'ינג'ר.

חותכים את הבטטות לריבועים בינוניים (לא קטנים מדי) ומוסיפים לסיר ומאדים כמה דקות נוספות. מוסיפים את הדוחן השטוף והמושרה, ומכסים ב-2 כוסות מים. מביאים לרתיחה ומנמיכים את האש עד שהתבשיל מוכן. מתבלים בהל ומגישים.

דוחן מצוין לקאפה (כי הוא מייבש וחמים). ספציפית במנה הזאת הבטטה קצת פחות מתאימה ואפשר להמיר אותה בכל ירק אחר. אם נשארים עם הבטטה - אפשר להוסיף עוד תבלינים חריפים נוגדי קאפה כמו פלפל שחור וזרעי חרדל

פיטה - להוסיף יותר בטטה ופחות ג'ינג'ר
ואטה - יותר בטטה ויותר שמן גם בבישול וגם לאחר מכן

קינואה עם פטריות פורטובלו וקייל

פורטובלו זה הדבר הקרוב ביותר לבשר שצמחוני יכול לדמיין. תמיד כדאי להחזיק בבית פורטובלו יבשות. הטעם שלהן אפילו עמוק ופיקנטי יותר משל הטריות

כוס קינואה לבנה או אדומה
צרור עלי קייל
פטריות פורטובלו יבשות או טריות
מעט שמן זית/שמן שומשום להקפצה
מעט רוטב סויה איכותי (Shoyo או Tamari)
שום כתוש - לא חובה
פלפל שחור - לא חובה

מבשלים את הקינואה עד שהזרעים נפתחים ומתרככים. הכי טוב לבשל קינואה כמו שמבשלים פסטה, ואז לסנן.

מוציאים מהקייל את הגבעול המרכזי ובוצעים את העלים לחתיכות בינוניות.

אם הפטריות פורטובלו יבשות - משרים אותן לכרבע שעה במיים רותחים וחותכים לרצועות. אפשר להוסיף אחר כך למחבת מעט ממי ההשריה - זה ייתן טעם עמוק יותר של פטריות לתבשיל.

מרככים את הקייל במחבת עם מעט מיים וכשהעלים מתחילים להיות רכים מוסיפים מעט שמן זית או שמן שומשום בכבישה קרה. (השיטה הזאת מקצרת את זמן חימום השמן)

מוסיפים את הפטריות המושרות או הטריות וממשיכים בהקפצה. מתבלים עם רוטב סויה ושום.

מניחים מעל לצלחת קינואה ומגישים.

אפשר לפזר מלמעלה קצת פרמז'ן איכותי או פטה עזים או את האופציה הטבעונית שנותנת מרקם וטעם דומים: שמרי בירה

מצוין לקאפה (ללא הגבינה כמובן...)
מצוין לפיטה - עם פחות שום ורוטב סויה. אם יש עודף חום - להימנע לחלוטין משניהם ולתבל רק עם שמן זית מלח, זרעי כוסברה, בזיליקום או תבלינים אחרים שמתאימים
ואטה - לא מתאים

תבשיל זרעי שיפון, חומוס וכרשה

גם זרעי השיפון וגם החומוס סופחים ומייבשים. טוב למצבי השמנה ועודף לחות. מתאים ליום חורף קר

כוס זרעי שיפון מושרים ללילה
כוס גרגרי חומוס מושרים ללילה
חצי כוס אורז מלא עגול. רצוי מושרה כמובן.
אפשר גם רק כמה שעות
2-3 כרשות. החלק הלבן
כפית זרעי כמון
כפית זרעי כוברה טחונים/כתושים
פלפל שחור
מלח סלעים
מעט שמן זית
חופן פטרוזיליה טרייה
חופן כוסברה טרייה
לימון
גרעיני דלעת או קאשיו (קלויים ל-2-3 דקות במחבת יבשה) לקישוט

מבשלים בסיר עם מים את החומוס לחצי בישול. מסננים מהמים.

קוצצים את הכרשה (החלק הלבן) לטבעות ומזהיבים עם מעט שמן זית. מוסיפים את זרעי הכמון והכוסברה וקולים מעט. מוסיפים את הדגנים (האורז והשיפון), מתבלים במלח ופלפל ומוסיפים 5 כוסות מיים, מביאים לרתיחה ומנמיכים את האש.

כשהתבשיל מוכן בוזקים מעליו את הכוסברה והפטרוזיליה הטרייה, מעט לימון וגרעיני דלעת או קאשיו ומגישים.

דרך הכנה נוספת:

מבשלים את החומוס וזרעי השיפון עד לריכוך. מסננים מהמים ומניחים בצד.
בסיר נפרד מזהיבים את טבעות הכרשה ביחד עם זרעי הכמון והכוסברה. מוסיפים לחומוס והשיפון המבושלים, מוסיפים מלח, פלפל, מעט לימון ואת העלים הירוקים.

מצוין לקאפה ופיטה
ואטה -פחות מתאים. במידה וכן - להוסיף הרבה שמן זית או טחינה

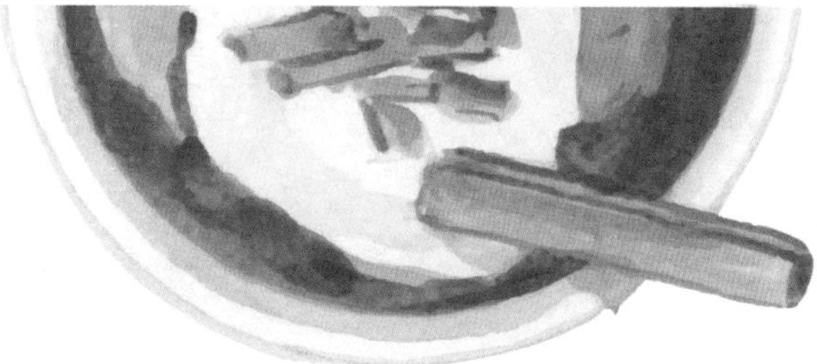

לחמים, מאפים וממרחים

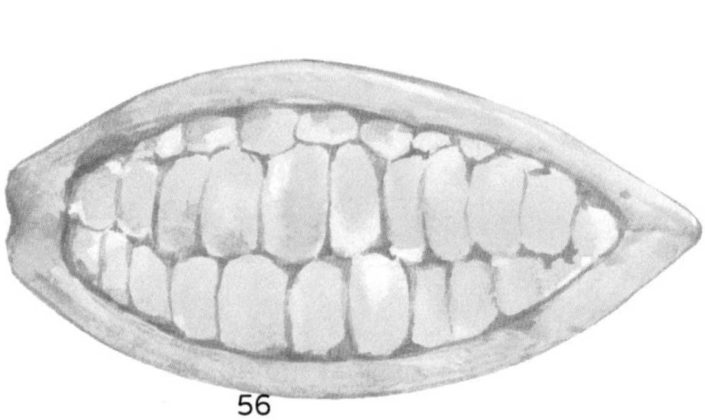

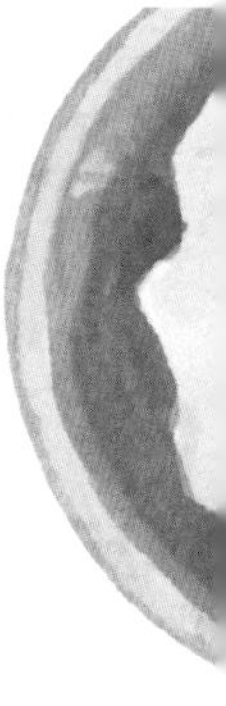

מאפי כוסמין ממולאים בחומוס ועלים ירוקים

מאפה שהוא ארוחה שלמה: דגן, קטניה ועלים ירוקים. בלי שמרים ובלי סיבוכים

חומרים לבצק:
2 כוסות קמח כוסמין
כוס מים פושרים
2 כפות שמן קוקוס
רבע-חצי כפית מלח

חומרים למילוי
כוס וחצי עדשים שחורות / חומוס מושרים ומבושלים עד לכדי ריכוך
2-3 בצלים / שום
עלים ירוקים: תרד/ מנגולד / גבעולי סלרי קצוצים/ פטרוזילה, כוסברה או ערבוב של כמה סוגים
תבלינים: מלח, פלפל, זרעי כוסברה / כמון / פלפל סצ'ואן או כל תיבול אחר שמתאים

מערבבים את כל חומרי הבצק ולשים עד לקבלת בצק גמיש ונעים. אם יצא דביק מדי – להוסיף קמח. מניחים לבצק לנוח לכמה דקות.

הכנת המילוי: כאשר הקטניות מוכנות ורכות, מסננים ומניחים בצד
מזהיבים קלות את הבצל והשום בשמן זית, מערבבים עם הקטניות והעלים הירוקים (שנשארים טריים). אם בחרתם למלא עם חומוס (הכי טעים) - אז כדאי ללאחר הבישול למעורך אותו קלות עם מזלג.

הכנת המאפים: יוצרים עיגולים קטנים ומניחים במשטח מקומח היטב. פותחים עם הידיים או מרדדים עם מערוך קטן ויוצרים עיגול (הכל תוך כדי קימוח נדיב, כי הבצק עדין ורך מאוד) ומניחים במרכז מעט מהמילוי ויוצרים מעין כיס (כמו סמבוסק), מהדקים את הקצוות וכדי שיהיה יפה, אפשר עם סכין חדה לחתוך את כל השאריות המיותרות וליצור כיס יפה.
מפזרים מלמעלה מעט שומשום שחור או לבן/קצח/ביצה ואופים כ-20 דקות בחום בינוני-גבוה

אפשר להוסיף למילוי גם גבינת פטה עזים. או כל מילוי אחר שחשקה בו נפשכם. אני לפעמים ממלאת גם עם תפוחים, צימוקים וקינמון ומתקבלים מאפים טעימים מאוד. אפשר גם להקפיא ולחמם, אם יצאו לכם הרבה מאפים

כמו פיצה

בלי גבינה וגם בלי שמרים - אם משתמשים בצ'פאטי כבסיס

צ'פאטי (לא דק מדי) מקמח כוסמין מלא או פיתה מקמח כוסמין מלא
(מתכון בעמוד הבא)
2 כפות רסק עגבניות אורגני
עגבניה טרייה
מעט בצל סגול פרוס לפרוסות
מעט שמן זית
חופן זיתים
מעט טופו מגורר
עלים ירוקים: רוקט/אורוגולה/בזיליקום ירוק/בזיליקום סגול

להכנת הרוטב:

מטגנים קלות את הבצל, מוסיפים את העגבניה חתוכה לקוביות ומבשלים למספר דקות. מתבלים במלח ופלפל שחור.

לוקחים צ'פאטי או פיתה מקמח מלא ופותחים אותה לשני חצאים. מורחים את רוטב העגבניות, מוסיפים זיתים, פרוסות בצל ועגבניה טרייה (אם רוצים) וטופו מגורר, מזלפים מעט שמן זית מלמעלה

מכניסים לתנור או טוסטר אובן לכרבע שעה או פחות, עד שהטופו נמס ומקבל מרקם גבינתי.

כשהפיצה מוכנה מניחים מלמעלה חופן גדול של עלים ירוקים, עוד קצת שמן זית ואוכלים.

לעצלנים או ממהרים: אפשר לוותר על שלב הכנת הרוטב ופשוט לערבב מעט מהרסק עם שמן זית ותבלינים.

ואטה - להפחית בעלים הירוקים
פיטה - להפחית בבצל החי, בעגבניה ובזיתים
קאפה - במתינות

צ'פאטי

ה-Flat Bread המושלם - ללא שמרים וללא תפיחה. קל לעיכול וטעים. את הפיתה הזאת כדאי להכין מקמח כוסמין מלא. אפשר להכין בצק, לעטוף בניילון נצמד ולשים במקרר לכמה ימים ובכל פעם שרוצים, שולפים מעט בצק ומכינים צ'פאטי טרי

ל-20-25 יחידות:

2 כוסות קמח מלא
2 כפיות שמן זית
1 כוס מים פושרים
רבע כפית מלח (או פחות)
¾ כוס קמח מלא בקערה נפרדת לקימוח משטח העבודה

בקערה עמוקה מערבבים את הקמח עם כפית השמן, מוסיפים מים ולשים עד לקבלת בצק רך. מכסים ומניחים לנוח כחצי שעה. הממהרים יכולים לפסוח על המנוחה. הצ'פאטי יוצא טעים גם ככה.

מכינים כ-20-25 כדורים. מגלגלים כל כדור בידיים וטובלים אותו בקערת הקמח ומרדדים בעזרת מערוך ליצירת עיגול דק. אם הצ'אפטי נדבק, בוזקים עוד קמח. יש להקפיד לקמח גם את משטח העבודה וגם את המערוך. לא לקמץ בקמח. זה יעזור

מחממים מחבת ברזל (גם מחבת קרמית עובדת מצוין) ומניחים את הצ'אפטי. לאחר חצי דקה-דקה או כאשר מופיעות בועות, הופכים את הצ'אפטי לחצי דקה נוספת.

לאחר מכן מניחים את הצ'אפאטי על להבה חשופה עד שהצ'אפאטי מתנפחת (ניתן גם לוותר על השלב הזה)

טוב לשלוש הדושות
קאפה במתינות. כדאי להוסיף מעט זרעי כמון או פלפל שחור
ואטה - להוסיף שמן זית

לחם דוחן-קינואה-כוסמת

בלי גלוטן ! טעים ! משביע ! שווה ניסיון, גם לסקפטיים

וס דוחן
וס קינואה לבנה
וס גוסמת ירוקה
פית מלח סלעים ורוד/ים
צי כפית סודה לשתייה ללא אלומיניום

תיבול:
אני אוהבת עלי זעתר טריים אם יש -
לפחות כף של עלים שמוללתם ביד. או
יבשים
כפית טימין יבש או טרי
אפשר גם אורגנו/רוזמרין/זיתים

שרים את הדגנים ללילה. למחרת שוטפים היטב כמה פעמים ומסננים

טוחנים בבלנדר עם כוס וחצי מיים (אותה כוס שמדדתם את הדגנים) עד לקבלת בלילה חלקה. זה
מור להיות סמיך.

ם יש לכם זמן - כדאי לתת בשלב הזה לבלילה לתסוס מעט. בקיץ יספיק יום אחד. בחורף אפשר
מיים. עד שיופיעו בועות קטנטנות. להניח במקום חמים.

לאחר שלב ההתססה - מוסיפים את המלח והתיבול שבחרתם והסודה לשתיה.

מניחים נייר אפיה בתבנית אינגליש קייק. אני מחלקת את הכמות הזאת לשתי תבניות. אם רוצים
פרוסות לחם גדולות אז בתבנית אחת.

אופים במשך כ-50 דקות ב-180 מעלות, עד שקיסם יוצא יחסית יבש.

לאחר כ-45 דקות מוציאים מהתבנית ואופים רק עם הנייר אפייה, לייבוש נוסף.

ם אין לכם זמן להתססה, אז פשוט טוחנים, מתבלים ואופים. גם יוצא טוב!

להניח להתקרר, לפרוס ולהקפיא. טעים מאוד קלוי קלות בטוסטר

לוואטה - פחות מתאים כי כל הדגנים הללו נוטים לייבש. עדיף את הגרסה עם
השיבולת שועל
לפיטה - מתאים
לקאפה - מתאים מאוד

לחם כוסמת-קינואה

שילוב מנצח של כוסמת, קינואה וקצת שיבולת שועל. מוסיפים הרבה זרעים ותבלינים ומקבלים אחלה לחם ללא גלוטן, שהולך מצויין כטוסט

כוס גדולה כוסמת ירוקה
כוס גדולה קינואה לבנה
סה"כ 500 גרם משניהם יחד
3/4 כוס קמח שיבולת שועל - קנוי או לטחון לבד
כפית גדושה אבקת אפיה
כוס ורבע מיים

כפית מלח (או קצת יותר)
3/4 כוס זרעים ואגוזים - מה שאוהבים:
גרעיני דלעת, חמניה, אגוזי מלך, אגוז לוז
תיבול: כפית גדושה או יותר טימין, אורגנו, בזיליקום יבש. או כל תבלין אחר.
רבע כוס שומשום לקישוט מלמעלה

משרים את הכוסמת והקינואה בקערה עם מיים ל-6-8 או ללילה שלם (עדיף). כדאי לשטוף כמה פעמים אם יוצא, זה עוזר להוציא מרירות קלה. שוטפים היטב ומסננים.

מכניסים לבלנדר את הכוסמת והקינואה יחד עם כוס ורבע מיים וטוחנים בבלנדר או מג'ימיקס עד שמתקבלת תערובת חלקה, לא דלילה מדי ולא סמיכה מדי.

מוסיפים את הקמח שיבולת שועל. כדאי להוסיף בהדרגה, יכול להיות שחצי כוס תספיק.

מוסיפים אבקת אפייה, תיבול וגרעינים ואגוזים. טועמים לבדוק שמספיק מלוח ומתובל.

שופכים לתוך שתי תבניות אינגליש קייק עם נייר אפיה. מפזרים שומשום או עוד קצת זרעים לקישוט

אופים כשעה, ב-180 מעלות.

מניחים להתקרר היטב. פורסים ומקפיאים.

בעיני הלחם הזה טעים או ברגע שהוא יוצא מהתנור או קלוי.

ואפשר גם להכין בגרסה מתקתקה:

לפני שמוסיפים את המלח והתבלינים אפשר לחלק את הבלילה לשניים ולהוסיף לקערה אחת קצת צימוקים או מישמיש מיובש טבעי חתוך, כף או שתיים סוכר קוקוס / סוכר קנים או מייפל וכפית קינמון.

לוואטה - עדיף יחס של שליש כוסמת, שליש קינואה ושליש שיבולת שועל. ולאכול עם ממרח שומני כלשהו, כמו טחינה או אבוקדו
לפיטה - להפחית מעט בתיבול ובמלח. או ללכת על הגרסה המתקתקה
לקאפה - אפשר להוריד לגמרי את השיבולת שועל או להפחית. לא לשכוח להפחית גם את כמות המיים. להוסיף הרבה גרעיני דלעת ואקסטרה תיבול

"חומוס מאש"

גם טעים מאוד וגם הרבה יותר עדין וידידותי לעיכול מחומוס אמיתי. מאש (Mung Bean) - היא קטניה טרי דושית - משמע מפייסת ונעימה לכולם

כוס מאש ירוק
רבע כוס טחינה (משומשום מלא -
יהיה כבד ועשיר יותר)
1-2 שיני שום, לפי טעמכם

תיבול:
רבע כפית כמון טחון
חצי כפית או יותר זרעי כוסברה
טחונים
מלח לפי הטעם
סומק לעיטור מלמעלה
שמן זית ומיץ לימון טרי לזילוף

משרים את המאש - רצוי ללילה. או לפחות 5-6 שעות. אין צורך להנביט, זה פחות מתאים בממרח.

לאחר ההשריה מבשלים עד לריכוך מלא. כדאי ומומלץ להחליף את מי הבישול לפחות פעם אחת.

מכניסים למג'ימיקס/בלנדר את כל המרכיבים. מוסיפים מעט מיים - תלוי כמה סמיך או דליל אתם רוצים את הממרח.

מסדרים בצלחת הגשה, מזליפים בנדיבות שמן זית ולימון, מפדרים בסומק אדמדם. אפשר גם להוסיף כוסברה/פטרוזיליה קצוצה

מתאים לכל הדושות!

לוואטה - מתאים
לקאפה - להפחית את כמות הטחינה ולהוסיף הרבה פטרוזיליה
לפיטה - להוסיף הרבה כוסברה

גבינת שקדים אפויה

רכה, נימוחה ופיקנטית. והרבה יותר מאוזנת מגבינות אמיתיות, גם כי היא מתובלת וגם כי שוהה בתנור לפחות 40 דק', מה שמכניס לה קצת אגני - חום. והכי חשוב - טעימה להפליא

כוס שקדים מושרים (הכי טוב לילה. אפשר גם 4-5 שעות. כדאי לקלף אך לא חובה) או כוס קמח שקדים (קונים בחנויות טבע או בחנויות למוצרי אפייה ואז אין צורך בהשרייה)

חצי כוס קאשיו מושרה (כאן מספיקים 3-5 שעות ואפשר גם לילה)

1-2 שיני שום (לא כדאי לוותר, גם אם אתם בדרך כלל לא אוהבים שום. זה נותן לגבינה ארומה מיוחדת)

כפית מלח (זה לא הרבה. זה גם תורם לטעם הגבינתי)

רבע כוס מיץ לימון טרי

רבע כוס מיים חמימים

4 כפות שמן זית

תיבולים אפשריים: ממליצה בפעם הראשונה לא להוסיף כלום. הגבינה יוצאת טעימה מאוד בדיוק כך. אחרי הפעם הראשונה אפשר להוסיף ככפית-שתיים מהתוספות הבאות:

זרעי קימל, זרעי כוסברה, קצח, זעתר טרי או מיובש, טימין, זיתי קלמטה, שמיר, אורגנו

מכניסים את כל החומרים למעבד מזון - בלנדר או מג'ימיקס וטוחנים עד לקבלת קרם חלק ואחיד. כשנדמה לכם שזה הספיק, תנו עוד כמה דקות. זה תורם לנימוחות.

מארגנים בד חיתול לבן או מגבת כותנה.

שופכים את הקרם שנוצר לתוך הבד וקושרים עם סרט או גומיה. מניחים את החבילה שנוצרה על מסננת ומתחת למסננת דואגים שתהיה צלחת או כל כלי שיכיל את הנוזלים. כדאי לשפוך את הקרם כשכל הקונסטרוקציה הזאת כבר מוכנה, כולל הגומייה, כך שתיווצר כיכר גבינה יפה.

מניחים לכל זה לשבת כך לילה.
בבוקר מסירים בעדינות את הבד ומניחים את גוש הגבינה בתבנית אפייה, עם נייר אפייה או מעט שמן לשימון התבנית. כדאי לאפות את הגבינה בכלי ההגשה.
אופים כחצי שעה בחום בינוני (כ-180 מעלות) או עד שנוצר קראסט שחמחם וזהוב.

מזליפים מעט שמן זית לקישוט.

הגבינה הזאת מתנהגת יפה מאוד בתוך כריכים. אפשר להכין איתה קישים פשטידות ומאפים או לפזר ממנה מעל אורז או תבשיל עדשים. קצת קשה להפסיק לאכול ממנה, זו האמת...

בעניין השקדים: הכנתי משקדים מושרים והכנתי מקמח שקדים - התוצאה ברמת הטעם די דומה. מבחינת איכות ובריאות - אין ספק שעדיף להשתמש בשקדים שלמים שמשרים טוחנים לבד. קמח שקדים זה דבר נוח לשימוש ונחמד שיש בארון לעת מצוא, אך אין לי ספק שהשקדים הללו עברו די הרבה בדרך, מהלבנתם (לכו תדעו כיצד) ועד הטחינה המאסיבית שהם עוברים (שמחממת אותם יתר על המידה).

אני מעדיפה להשרות שקדים טבעיים לילה או כמה שעות שמתאפשר. אני באופן אישי בדרך כלל לא מקלפת. הגבינה תצא קצת פחות לבנה, זה הכל. אם יש לכם סבלנות לקלף - בוודאי שכדאי. זה תורם למרקם וגם לצבע.

בעניין זמן האפייה - מפעם לפעם שתכינו את הגבינה, תלמדו כמה זמן אתם אוהבים לאפות אותה. אפייה ממושכת יכולה קצת לייבש אותה (מה שמתאים יותר לטיפוסי קאפה)

כדאי לזכור ש"גבינת" שקדים דומה באיכויותיה לגבינה רגילה - במובן הזה שהיא לחה וכבדה יחסית לעיכול. לכן למי שנזהר או ממעט באכילת גבינות, כדאי שייזהר גם מגבינות טבעוניות. יתרונה של הגבינה הזאת, ולכן אני אוהבת אותה, הוא העובדה שהיא אפויה, מה שהופך אותה ליותר ידידותית לעיכול.

מתאימה מאוד לטיפוסי ואטה
לטיפוסי פיטה - אפשר להוסיף שמיר או זרעי כוסברה ולהפחית בשום
לטיפוסי קאפה - במתינות וכדאי מאוד להוסיף תבלינים מחממים ולאפות קצת יותר, כדי לייבש

ממרח עדשים כתומות

כמו חומוס, רק בצבע כתמתם, הרבה יותר קל לעיכול ועם טוויסט של קוקוס.
אופציה טבעונית טובה לסנדביצ'ים

2 כוסות עדשים כתומות (אין צורך להשרות)

רבע כוס קאשיו או אגוזי מלך או פקאן מושרים במים לכמה שעות (אם אין זמן אפשר גם לוותר על ההשריה)

חצי כוס קוקוס טחון

שן שום גדולה

מלח סלעים ומעט פלפל שחור

מעט מיץ לימון

מבשלים את העדשים עד להתרככות.

מכניסים את כל החומרים לבלנדר וטוחנים עד לקבלת משחה חלקה. אני אוהבת להשאיר את הממרח במרקם מעט גס.

מכניסים לכלי אחסון מקשטים בשמן זית מלמעלה.

טעים בסנדוויץ או סתם ככה עם סלט. נשמר במקרר לכמה ימים

טוב לשלוש הדושות. הקאשיו, השום והקוקוס הופכים
את הממרח הזה טוב גם עבור ואטה
לואטה - להוסיף אקסטרה שמן זית

צ'אטני כוסברה וקוקוס

דרך טובה להכניס עלים ירוקים לסנדביץ או להקפיץ את הקיצ'רי

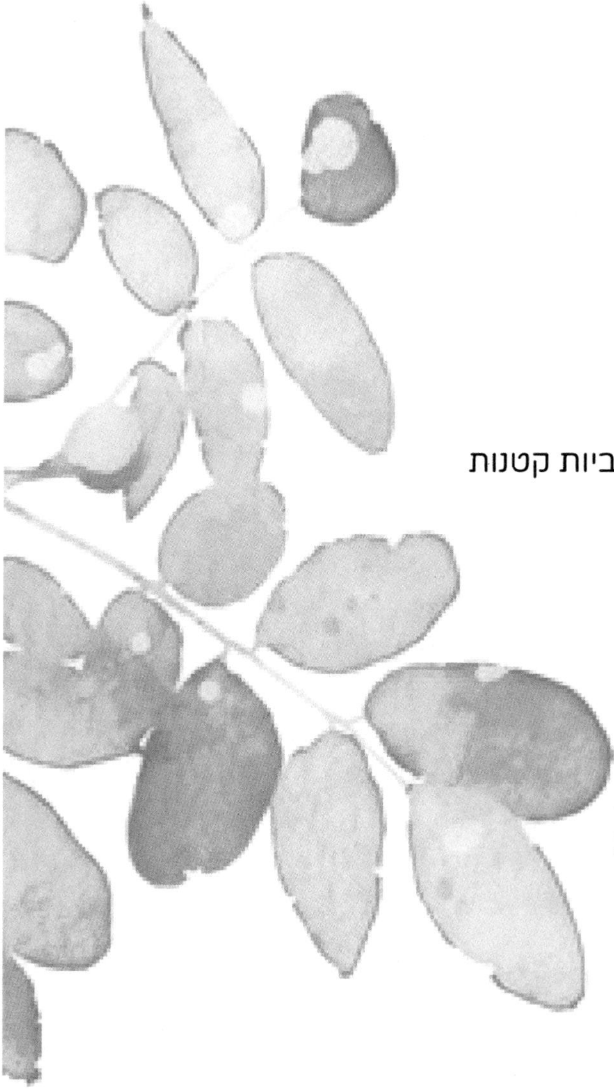

צרור כוסברה

רבע כוס מיץ לימון

רבע כוס מים

רבע כוס קוקוס (טרי או טחון)

2 כפיות ג'יננג'ר טרי חתוך לקוביות קטנות

כפית דבש

רבע כפית פלפל שחור

מכניסים למעבד מזון וטוחנים עד לקבלת משחה אחידה. מאחסנים בצנצנת זכוכית במקרר עד שבוע.

אפשר לשמור במקרר כשבוע

מצוין לפיטה בגלל האופי המקרר של הכוסברה והקוקוס.
במתינות טוב גם לוואטה וקאפה
קאפה יכולים להוסיף מעט צ'ילי. ואטה יכולים להגדיל את כמות הג'ינג'ר.

טחינה' שקדים

המתכון הזה מיועד לכל מי שצריך להימנע מאכילת שומשום (למשל הסובלים ממחלות עור) אבל מתקשה לוותר על טחינה. הפתרון: טחינה משקדיה, ממרח שקדים טחונים

רבע כוס שקדיה (או כל ממרח 100% שקדים אחר)

1-2 שיני שום כתושות

מעט שמן זית

מלח סלעים ופלפל שחור

מים

מערבבים את השקדיה עם מים בעזרת מטרפה או מזלג, מוסיפים את השום הכתוש, התבלינים ומעט שמן זית. אפשר גם להכניס את כל החומרים לבלנדר.

תוספת: עלים ירוקים כמו כוסברה/פטרוזיליה/רוקט.

טעים על תבשילים, סלט או ירקות אפויים (בייחוד על דלעת או בטטה) או בסנדביץ.

אפשר להכין ממרח שקדים לבד בקלי קלות: משרים שקדים במים למשך הלילה. מסירים את הקליפה (או שקונים שקדים קלופים) וטוחנים בבלנדר עם שאר המרכיבים

מגביר קאפה
טוב לפיטה וואטה. לפיטה - להפחית בכמות השום (שגם הוא אינו מיטיב עם העור)

ממרח כוסברה וקאשיו

לעלי כוסברה יש איכות מקררת ומשתנת. ממרח שטוב לימי הקיץ אבל לא רק

רור כוסברה

בע כוס שמן זית

ן שום

מצוץ צ'ילי (לא חובה)

חצי כוס קאשיו שהושרה במים לכמה שעות (אם אין זמן - אפשר גם לוותר על השריה). אפשר להמיר את הקאשיו בשקדים או אגוזי מלך

ולח ופלפל

מכניסים את כל החומרים למעבד מזון וטוחנים עד לקבלת ממרח. מאחסנים בצנצנת ומכסים במעט שמן זית נוסף.

נשמר במקרר כמה ימים.

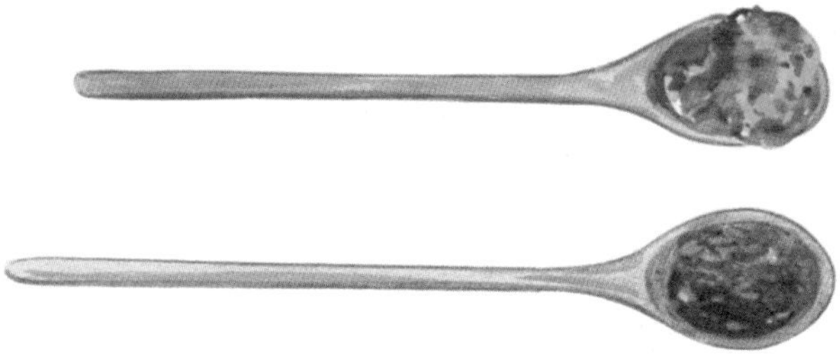

מצוין לפיטה - להפחית צ'ילי ושום
לקאפה - להפחית מכמות הקאשיו ולהוסיף קצת יותר צ'ילי
לוואטה - להוסיף קאשי

מרק סלק ג'ינג'ר חמצמץ

בגלל שהסלק מגורד בפומפייה - המרק מתבשל מהר!
אפשר להוסיף יותר ג'ינג'ר ו"לחמם" עוד קצת את המרק

2-3 סלקים

1-2 גזרים

בצל בינוני (אפשר גם סגול)

חתיכת ג'ינג'ר טרי מגורד בפומפייה - בערך 2 כפיות

רבע כפית זרעי כוסברה טחונים

מלח ופלפל שחור

מיץ לימון טרי או ליים

מגרדים את הסלק וגזר בפומפייה גסה.

קוצצים את הבצל.

בסיר עם מעט שמן זית חם "פותחים" את זרעי הכוסברה לדקה-שתיים.

מוסיפים את הבצל ומזהיבים קלות.

מוסיפים את הגזר והסלק והג'ינג'ר ומבשלים כחצי שעה

כשמורידים מהאש מוסיפים את הלימון

לפיטה - מושלם!
לקאפה - יותר ג'ינג'ר, יותר פלפל
לוואטה - יותר ג'ינג'ר. אפשר להוסיף גם בטטה מגורדת.

מרק שעועית אדום

מרק אדום סמיך עשיר ומשביע. הכוסברה הירוקה מצננת את האדמדמות החריפה. אפשר לשחק עם סוגי השעועית, אבל לא כדאי להשמיט את השעועית הלבנה, הנימוחה

כוס שעועית לבנה - מושרית, רצוי לילה
חצי כוס שעועית שחורה - מושרית, רצוי לילה
4-5 שיני שום
2-3 עגבניות בשלות חתוכות
רסק עגבניות איכותי
צרור כוסברה טרי

כפית סוכר חום/ג'אגרי
תבלינים: כפית כמון, כפית זרעי כוסברה טחונים, כפית כורכום, כפית קינמון, כפית פפריקה, מלח ופלפל
להסמכת המרק: מעט שמן זית ו-2 כפות קמח כוסמין

מבשלים את השעועית בסיר גדול, עם הרבה מיים, שיני שום שלמות וכפית כורכום, עד שהשעועית מתרככת. המיים האלה יהיו הבסיס למרק.

בסיר נפרד או במחבת עם מעט שמן זית, מוסיפים את זרעי הכוסברה הטחונים לדקה-שתיים מוסיפים את העגבניות החתוכות ומרככים כמה דקות.

מוסיפים את יתר החומרים: העגבניות, הרסק, הסוכר והתבלינים. ורבע מכמות הכוסברה קצוצה.

מבשלים על אש נמוכה כחצי שעה.

לקראת סיום, מכינים את הרביכה (לא חובה. אבל כדאי - זה הופך את המרק לסמיך ועשיר במיוחד): מוזגים למחבת את שמן הזית ולאחר דקה-שתיים מוסיפים את הקמח ומערבבים היטב עד שנוצרת משחה נוזלית וללא גושים. מוודאים שהמרק רותח ומוסיפים את הרביכה, מערבבים היטב את המרק, שלא יווצרו גושים.

מתקנים תיבול אם צריך: כדאי להוסיף עוד קצת מכל התבלינים (מלבד הכורכום).

לקראת ההגשה קוצצים את הכוסברה ומוסיפים למרק.

הולך מצוין עם אורז בסמטי או כל דגן אחר. או לחם טוב וחמאה או גהי

לפיטה - פחות שום, יותר כוסברה וקצת יותר מהסוכר
לקאפה - כדאי להוסיף גם צ'ילי ואקסטרה פלפל שחור
לוואטה - יותר שום. לוודא שהקטניות הושרו כראוי

מרק כל מיני שעועית

מרק אדום, סמיך ומהביל. כדאי מאוד להשרות ולהנביט
לפני כן את הקטניות

צי כוס שעועית לבנה	2-3 שיני שום
צי כוס אזוקי	2-3 עלי דפנה
צי כוס שעועית שחורה	כרכום
טטה מגוררת או חתוכה לקוביות	כמון
ר מגורר	צרור כוסברה
עט ג'ינג'ר	כף סילאן
סק עגבניות אורגני (קטן)	

שרים את השעועית למשך הלילה. לסובלים מגאזים מומלץ להנביט את השעועית (משרים מים ללילה. בבוקר מסננים את המים ומניחים בתוך שקית הנבטה או בתוך צנצנת זכוכית עליה מניחים חתיכת בד וסוגרים עם גומיה. לאחר 24-48 שעות יתחיל תהליך הנביטה.

ניחים את השעועית המושרית/מונבטת בסיר עם מים, שיני שום, חצי כפית כרכום, ג'ינג'ר ועלי פנה ומבשלים עד שהשעועית רכה. אם המים מתאדים – מוסיפים מים רותחים.

שהשעועית רכה מוסיפים לסיר את שאר החומרים וחצי מכמות הכוסברה ומבשלים עד שהמרק מסמיך ומקבל צבע ארגמני עמוק.

לאקסטרה הסמכה אפשר גם להכין רביכה. מחממים מעט שמן זית במחבת ומוסיפים כף-שתיים קמח מלא, מערבבים עד שנוצרת משחה ושופכים אותה לתוך המרק הרותח ומיד מערבבים היטב. תוך שניות המרק יהיה סמיך.

בסיום הבישול מוסיפים את יתרת הכוסברה הקצוצה

מצוין לקאפה
לפיטה - להפחית מכמות השום והעגבניות ולהוסיף אקסטרה כוסברה טרייה לצינון
ואטה - מומלץ להימנע

מרק אפונה וסלרי

סלרי הוא מקור טוב לנתרן (מלח) אורגני. הוא שומר על לחץ דם תקין ויש מי שמייחסים לו גם תכונות של הגברת חשק מיני

2 כוסות אפונה יבשה (כדאי להשרות לכמה שעות)

בצל

4 עלי סלרי

שמן זית

חצי כפית זרעי כוסברה

מלח סלעים ופלפל שחור (בזהירות עם המלח, שכן סלרי מכיל נתרן)

מזהיבים את הבצל למספר דקות ומוסיפים את זרעי הכוסברה לדקה-שתיים.

מוסיפים את הסלרי והאפונה המושרית, מכסים במים ומבשלים עד לריכוך האפונה. מוסיפים מלח ופלפל ומבשלים מספר דקות נוספות.

אפשר לטחון את המרק או להשאירו כפי שהוא.

לתוספת קרמיות, אפשר להוסיף בשלב הטחינה כחצי כוס קאשיו מושרה.

טעים עם קרקרים או לחם קלוי עם שמן זית ושום, לצד המרק או שבור לחתיכות ושוחה בתוכו. אני קישטתי עם גרעיני חמניה לא קלויים.

טוב לשלוש הדושות
ואטה - במתינות. כדאי להוסיף את הקאשיו או
אקסטרה שמן זית

מרק בטטות, ג'ינג'ר וקוקוס

סלרי הוא מקור טוב לנתרן (מלח) אורגני. הוא שומר על לחץ דם תקין
ויש מי שמייחסים לו גם תכונות של הגברת חשק מיני

בטטות גדולות
גזרים
זתיכת דלעת קטנה
צל
'ינג'ר טרי
כפית זרעי כוסברה
מעט שמן קוקוס בכבישה קרה או שמן זית
פחית חלב קוקוס (ללא חומרים משמרים. יש)

מזהיבים קלות את הבצל עם מעט שמן קוקוס או זית ומוסיפים את זרעי הכוסברה לחצי דקה.
'הירות שלא יישרפו. אני אוהבת לכתוש אותם בעצמי עם מכתש ועלי ולא לקנות טחון.

מוסיפים את שאר הירקות, חתוכים לקוביות, ומזהיבים קלות. בשלב הזה מוסיפים רק חלק
מהג'ינג'ר הטרי וחלק שומרים לסיום הבישול.
מכסים במיים ומבשלים עד להתרככות.

טוחנים את המרק עם בלנדר ידני (לא חובה), מוסיפים את החלב קוקוס, את יתרת הג'ינג'ר
הטרי מגוררת בפומפייה, מתבלים במלח, פלפל ועוד קצת זרעי כוסברה עם צריך ומבשלים
חמש דקות נוספות.

אפשר לעטר עם גרעיני חמניה וכוסברה טרייה קצוצה.

מצוין לפיטה - להפחית בג'ינג'ר
טוב גם לוואטה - להכביר בג'ינג'ר
קאפה - במתינות

מרק דלעת וחומוס מרוקאי

דלעת נחשבת לפי הרפואה האיורוודית למזון-על ומאריך חיים. כדאי לשלב אותה בכמה שיותר מתכונים

כוס חומוס מושרה ומונבט (לא חובה להנביט)
חצי קילו דלעת
2 עלי סלרי
חצי כוס כוסברה קצוצה
כפית קינמון טחון
רבע כפית ג'ינג'ר טחון
רבע כפית כורכום
מלח ופלפל שחור
כף סילאן

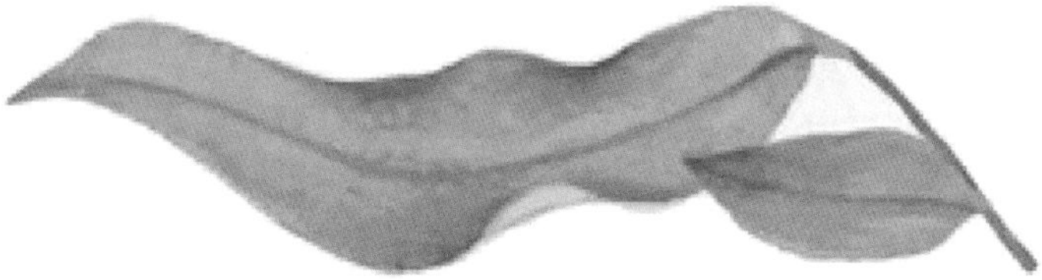

מבשלים את החומוס עד שהוא נעשה רך. מוסיפים את הדלעת והסלרי והתבלינים וממשיכים לבשל. כאשר גם הדלעת מתרככת, טוחנים את המרק.

מוסיפים רבע כוס כוסברה קצוצה וממשיכים בבישול. את יתרת הכוסברה מוסיפים עם ההגשה

מתאים לשלוש הדושות
לוואטה - להפחית מכמות החומוס ולהנביט אותו כדי למנוע נפיחות וגאזים

שייקים, מיצים וכל מה ששותים

לימונדת ספירולינה ואלוורה

דרך מצוינת לעמעם את הטעם של הספירולינה והאלוורה. הקליפה של הלימון, שנטחנת בשלמותה בלימונדה, מכילה חומר בשם פוליקוסנול, שמוריד כולסטרול!

לימון שלם או ליים
כף אבקת ספירולינה איכותית (אני אוהבת את זו של חברת ג'אמוקה)
חצי ליטר מיים
כף דבש (או יותר אם אתם אוהבים את הלימונדה שלכם מתוקה)
2 כפות אלוורה (אם יש לכם בגינה) - אם לא אפשר לוותר
מעט קרח - אם רוצים

אני אוהבת להכין לימונדה בבלנדר ולטחון את הלימון בשלמותו אבל אפשר גם לוותר על זה ופשוט לסחוט את הלימון.

שוטפים את הלימון טוב טוב וחותכים לרבעים, דואגים להסיר את כל הגרעינים ומכניסים את כל החומרים (את רבעי הלימון בשלמותם) לבלנדר לשתיים-שלוש דקות.

אם אין בלנדר אפשר כאמור פשוט לסחוט את הלימון ולהכין את הלימונדה בדרך הרגילה.

את האלוורה פותחים בצד אחד עם סכין ועם כפית מגרדים החוצה את הג'ל הלבנבן.

אלוורה היא צמח מרפא מהולל. כאן תוכלו לקרוא על ההשפעות התרפויטיות שלה
משקה טוב לסובלים מצרבות או אולקוס. כדאי להכין את הלימונדה מליים, שמוריד פיטה, ולא מלימון

טוב לשלוש הדושות

לאסי

אין משקה יותר מרענן ומרווה מלאסי קר ביום קיץ חם

וס יוגורט עזים
2 כוסות מיים (אפשר כוס
אחת חלב שקדים - יוצא
עשיר יותר)
כפית דבש
בע כפית תמצית ורדים
טבעית

מכניסים לבלנדר לכמה
דקות.
מוזגים לכוס
מקשטים בכמה שקדים
טבעיים

טוב לשלוש הדושות

משקה זהב

דרך טובה ומאוזנת לצרוך כורכום. הכורכום יבש, חמים וחד באיכויותיו, החלב (לא משנה איזה תבחרו) הוא לח, קריר ומזין. הפלפל השחור תורם לספיגה של הכורכום והג'ינג'ר מוסיף טעם ומסייע לעיכול של כל המשקה. רק שימו לב שהכורכום שלכם איכותי

כוס חלב (עזים, פרה, חלב שקדים, שיבולת שועל, אורז)
כפית כורכום טחון איכותי (כזה שנקנה בחנות תבלינים שטוחנת לעתים תכופות)
רבע כפית פלפל שחור
רבע-חצי כפית אבקת זנגביל או ג'ינג'ר טרי מגורר
המתקה אופציונלית: דבש (להוסיף רק לאחר הבישול), מייפל, ג'אגרי, סילאן

מערבבים את כל החומרים, מביאים לרתיחה ומורידים מהאש.

ניתן להמתיק אם רוצים. שימו לב שהרבה פעמים החלבים הטבעוניים מתקתקים מלכתחילה.

מאחר והמשקה מאוזן הוא מתאים לכל הדושות.

לוואטה - להוסיף כפית שמן - גהי/שמן קוקוס
לפיטה - אפשר להפחית בכמות הפלפל השחור ולהוסיף גם גהי או שמן קוקוס
קאפה - אפשר להמיר חצי מכמות החלב במיים ולהוסיף עוד פלפל שחור

תה חולינג'אן

החולינג'אן, בן דוד של הג'ינג'ר, מצוין לימות החורף הקרים. הוא מחמם, משפר עיכול ומחזק אגני וטוב במיוחד לכל מי שסובל בחורף מכפות ידיים ורגליים קרות.

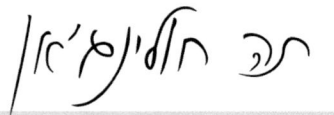

חתיכת חולינג'אן – ניתן לקנות בחנויות תבלינים. מכונה גם גלאנגל

3-5 ציפורן

מקל קינמון

פרוסת ג'ינג'ר

מרתיחים יחד עם 2 כוסות מיים, מנמיכים את האש ומניחים להתבשל לכמה דק'. ניתן להמתיק לאחר הבישול עם דבש או כל המתקה אחרת שחביבה עליכם.

גלאנגל, או בשמו הבוטני, Alpinia officinarum
הוא עוד חבר ממשפחת הזנגביליים, ובדומה לג'ינג'ר - גם הוא מצוין לעיכול. בייחוד למצבי עיכול חלש, חוסר תיאבון, גאזים ונפיחות

פיטה - בזהירות, בייחוד אם יש נטייה לצרבות וכיבים. ועדיף רק בחורף
ואטה וקאפה - מצוין כל השנה

שוקו ירוק

הולך טוב עם חובייזה, כי היא מוסיפה מרקם קטיפתי-רירי, אבל אפשר עם כל סוג של ירוקים

חופן עלי חובייזה/תרד/מנגולד/חסה או שילוב של כולם

כוס חלב מהסוג החביב עליכם. אני מעדיפה חלב שיבולת שועל. אפשר חלב אורז, שקדים, סויה

כפית קקאו

תמר או שניים - תלוי כמה מתוק אתם אוהבים

כפית שקדיה או חופן שקדים/אגוזים/קאשיו

רבע כפית תמצית וניל איכותית

חתיכת אבוקדו - אופציונלי

מכניסים את כל החומרים לבלנדר. וזהו.

לקבלת מרקם סמיך ורך, אפשר להוסיף חתיכת אבוקדו. הופך את המשקה לכמעט מוס שוקולד.

אפשר להוסיף גם קצת קינמון. עדיף קינמון ציילוני

לפיטה - מצוין
לוואטה - יותר שקדיה
לקאפה - פחות אגוזים ושקדיה. יותר קינמון

שייק חוביזה, תפוז וג'ינג'ר

שייק חורפי, שכן חוביזה ותפוזים יש רק בחורף. לא להוסיף מיים קרים או קרח! חוביזה נהדרת בשייקים, כי היא עושה אותם קרמיים ונימוחים. אפשר לקטוף או לקנות בשווקים אצל רוכלים ערבים

חופן חוביזה

תפוז מקולף. לנסות להוציא גם את הגרעינים

חתיכת ג'ינג'ר טרי. כדאי להוסיף חתיכה גדולה, כדי לחמם קצת את השייק

להמתקה: חצי בננה/תמר

שוטפים את החוביזה, מכניסים לבלנדר יחד עם שאר המרכיבים, עם בערך רב--חצי כוס מיים בטמפ' חדר, ומפעילים.

לקאפה - עם הרבה ג'ינג'ר. לוותר על ההמתקה
לפיטה - עם מעט ג'ינג'ר
לוואטה - עם הרבה ג'ינג'ר, בננה שלמה ותמרים

חלב שקדים מתובל

מרגיע ומרכך עצבים מרוטים. טוב לסובלים מנדודי שינה או סתם אחרי יום מתוח וקשה. גם ההל וגם המוסקט ידועים בהשפעתם המרגיעה והסאטווית

כוס חלב שקדים (קנוי או שהכנתם לבד בבית בקלי קלות)
שמינית כפית הל טחון (אם יש לכם תרמילים - לפתוח אותם, להוציא את הגרעינים השחורים ולכתוש קלות במכתש ועלי קטן)
שמינית כפית אגוז מוסקט (הכי טוב לגרד במגרדת קטנה)
3-4 טיפות מי ורדים - אופציונלי

מכניסים את כל החומרים מלבד מי הוורדים לסיר קטן ומביאים לרתיחה אחת ומיד מסירים מ האש.מוזגים לכוס וממתיקים אם רוצים.

את מי הוורדים מוסיפים לאחר הרתיחה כדי לשמור על הארומטיות. אפשר גם לקשט עם עלי ורדים מיובשים.

שימו לב שחלב השקדים מתקתק מטבעו כך שאין ממש צורך להמתיק.

מצוין לוואטה
מצוין לפיטה - בייחוד עם תוספת מי הוורדים, שמצננים
לקאפה - כדאי להכין את המשקה עם חצי כוס מיים וחצי כוס חלב שקדים ולהגדיל את כמות התבלינים ולהוסיף גם מעט ג'ינג'ר

שייק תאנים והל

כשאין תאנים טריות אפשר להשתמש בדבלה - תאנה מיובשת. לתוספת לחלות, ניתן להשרות אותה במיים לרבע שעה לפני הכנת השייק. יכול לשמש גם כארוחת בוקר קטנה כשלא ממש רעבים. מושלם לטיפוסי פיטה

- 2-3 תאנים טריות או 1-2 דבלות (שהן מתוקות יותר!)
- כוס חלב שקדים/שיבולת שועל/אורז
- שמינית-רבע כפית הל טחון

פותחים את התאנים לוודא שהן נקיות מתולעים, מכניסים לבלנדר יחד עם שאר המרכיבים.

לעיבוי וכדי שיהיה קצת יותר משביע - אפשר לטחון יחד גם חופן שקדים שעברו השריה

מצוין לפיטה
לוואטה - כדאי להוסיף גם מעט ג'ינג'ר טרי או יבש כדי לחמם מעט. עדיף עם חלב שיבולת שועל
לקאפה - פחות מתאים. אם כן - להפחית במספר התאנים. להעדיף חלב אורז או מיים. לתבל עם ג'ינג'ר

שייק קוואקר צבעוני

שילוב של שייק ודייסה. מתאים לארוחת בוקר קיצית, כשרוצים שיהיה לשייק איכות משביעה או כמשקה מתוק סתם ככה באמצע היום

2-4 כפות קוואקר גס מבושל

פרי טרי: אגס/תפוח/בננה/פירות יער/משמשים טריים או מיובשים ועוד

חצי כוס חלב שקדים או מיים

תיבולים אופציונליים: ג'ינג'ר טרי, קינמון, אגוז מוסקט, הל, מי ורדים

מבשלים את הקוואקר עם מיים כחמש-עשר דקות ומניחים בצד להצטנן

מכניסים לבלנדר את הקוואקר, הפירות, חלב השקדים והתבלינים ומבלנדרים.

מוזגים לכוס, מקשטים בשקדים או אגוזים.

שילובים מומלצים:

קוואקר עם מישמיש אוזבקי מיובש (או טרי), ג'ינג'ר והל

קוואקר עם אגס, חלב שקדים ותמצית וניל (יוצא רך ונימוח כמו גלידה וניל)

קוואקר עם גוג'י ברי וחלב שקדים

את אותו השייק אפשר לעשות גם עם קינואה! (עמוד הבא) אפשר גם להוסיף חופן עלים ירוקים בנוסף לפרי ואז יתקבל מעין שייק ירוק משודרג ומשביע

מצוין לוואטה ולפיטה
לקאפה - פחות מתאים. אם כן - להוסיף הרבה ג'ינג'ר/קינמון/הל

שייק קינואה תפוח וג'ינג'ר

שייק חמצמץ ורענן שיכול להיות ארוחת בוקר משביעה, בשל הקינואה, שהיא בכלל חלבון! טעמה של הקינואה, בייחוד אם מבשלים אותה כהלכה, כמעט ואינו מורגש בשייק

בע כוס קינואה מבושלת
תפוח
זתיכת ג'ינג'ר טרי
בע לימון עם הקליפה (אל תשכחו להוציא את הגרעינים)

מבשלים את הקינואה בסיר עם מיים, כמו שמבשלים פסטה. כשהקינואה מוכנה שופכים את המיים ושוטפים את הקינואה. בדרך זו מנטרלים את המרירות הקלה שיש לקינואה. מניחים בצד להצטנן

מכניסים לבלנדר תפוח, ג'ינג'ר ורבע לימון ואת הקינואה המבושלת, מוסיפים מעט מיים מבלנדרים.

השייק שמתקבל הוא חמצמץ ורענן וטעם הקינואה כמעט שאינו מורגש. למעשה, זהו שייק חלבון.

מתאים לקאפה ולפיטה. לטיפוסי פיטה אפשר להפחית מעט מכמות הג'ינג'ר
לא מתאים לוואטה

שייק אבטיח וזרעי שומר

שייק טעים, מרענן ומפתיע. זרעי השומר מוסיפים לאבטיח איכות מקררת נוספת. טוב למי שסובל מעודף חום. אל תוותרו על זרעי השומר, הם עושים את כל ההבדל

פלח או שניים אבטיח קר

רבע כפית זרעי שומר

מכניסים לבלנדר את האבטיח וזרעי השומר, מבלנדרים לשתי דקות, מוזגים לכוס גבוהה ושותים.

אין צורך להוסיף קרח, זה יהפוך את המשקה למימי מדי.

זרעי שומר מצויינים לגאזים ולבעיות עיכול בכלל.

מצוין לפיטה
קאפה וואטה - במתינות מאחר ואבטיח מאוד מצנן

שייק ירוק-סגול

דרך מצוינת לצרוך עלים ירוקים, כארוחת בוקר או אחר צהריים. משקה מאוד מצנן ולכן פחות מתאים בחורף. לא מומלץ לאנשים עם בעיות עיכול

-2 כוסות גדולות
-2 עלי חסה
רור קטן של כוסברה או פטרוזיליה או שניהם
-1 עלי מנגולד
כל עלה ירוק נוסף שיש לכם בבית או בגינה
ננה (טרייה או מקולפת ומוקפאת)
תפוח/אגס/אפרסק/שזיף/תפוז (תלוי בעונה ובטעם)
2 תמרים
חתיכת ג'ינג'ר טרי
סלק חתוך לקוביות או מגורר (תלוי כמה חזק הבלנדר שלכם)
כף שמן קוקוס מכבישה קרה
מעט מים
תוספות אפשריות: כפית ספירולינה/כפית זרעי צ'יאה

מכניסים את כל החומרים לבלנדר וטוחנים עד לקבלת מרקם נימוח.
אפשר להוסיף מלמעלה שקדים או אגוזים.

פיטה - מצוין
קאפה - להפחית בפירות ולהכביר בעלים הירוקים
ואטה - מעט מאוד עלים ירוקים, יותר פירות וכף נוספת של שמן קוקוס

חלב אורז

חלב טבעוני טעים וקל לעיכול. אפס אחוז לקטוז

להכנת ליטר חלב:
כוס אורז בסמטי לבן או בסמטי מלא מבושל
4 כוסות מים
מעט תמצית וניל (אופציונלי)
מעט סילאן/לתת אורז/סטיוויה/דבש/סירופ מייפל - תלוי כמה מתקתק אתם רוצים את החלב. אפשר גם לוותר לחלוטין על המתקה

מבשלים את האורז כרגיל ומניחים להצטנן.

מכניסים לבלנדר את כל החומרים וטוחנים היטב. מסננים דרך בד כותנה (חיתול עובד הכי טוב) או מסננת דקה.

ניתן גם להניח את התערובת למשך כמה שעות ולתת למשקעים לשקוע ואז לשפוך את החלב בעדינות לכלי חדש.

לקבלת חלב אורז בטעם בננה – מוסיפים בננה בשלה לבלנדר. אפשר להוסיף גם תמר שלם, רק קחו בחשבון שזה יצבע מעט את החלב בצבע חום.

היחס להכנת החלב הוא 4 כוסות מיים לכוס אורז. אם רוצים חלב סמיך ועשיר יותר אפשר להקטין את כמות המיים.

מהשאריות שנותרות לאחר הסינון אפשר להכין דייסת אורז מתקתקה או להוסיף לפשטידה כחומר עיבוי.

טוב לכל הדושות. קאפה - אפשר לוותר על ההמתקה

שייק ירוק

הרבה עלים ירוקים ופירות. משקה מצנן ומקרר. לא מומלץ למי שסובל מעודף קור או מעיכול חלש

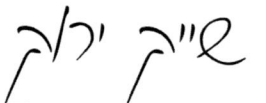

שתי כוסות גדולות)
-2 עלי חסה
יור קטן של כוסברה או פטרוזיליה או שניהם
1 עלה מנגולד
ל עלה ירוק נוסף שיש לכם בבית או בגינה
נה (טרייה או קפואה)
תמרים
פוח/אגס/אפרסק/שזיף/תפוז (תלוי בעונה ובטעם)
תיכת ג'ינג'ר טרי
י שמן קוקוס מכבישה קרה
עט מיים
פציה נוספת: כפית ספירולינה/כפית זרעי צ'יאה

כניסים את כל החומרים לבלנדר וטוחנים עד לקבלת
רקם נימוח. אפשר להוסיף מלמעלה שקדים או אגוזים

מצוין לפיטה
לקאפה - להמעיט בכמות הפירות ולהגדיל את כמות העלים והג'ינג'ר
לואטה - רצוי להימנע. או להמעיט בעלים הירוקים ולהגדיל את כמות הפירות. להוסיף תמרים בשרניים ואקסטרה שמן קוקוס וג'ינג'ר

חלב שקדים

בשביל חלב צחור ולבן וגם קל יותר לעיכול כדאי להשתמש בשקדים קלופים.
לשקדים יש איכות מצננת, מה שהופך את החלב הזה מצוין למי שסובל מעודף חום.
מהשאריות מכינים 'גבינה' טעימה

כוס שקדים מושרים ללילה (או לכמה שעות)
2 כוסות מים
מעט תמצית וניל
המתקה אופציונלית: דבש, סילאן, סטיוויה, לתת אורז.

מכניסים את השקדים המושרים והמים לבלנדר וטוחנים היטב. מסננים דרך בד חיתול, ממתיקים ומוסיפים את תמצית הוניל ושומרים במקרר.

ההשריה חשובה משתי סיבות: היא גם מרככת את השקדים וגם גורמת לניטרול של החומצה הפיטית (phytic acid), שמעכבת ספיגה של סידן, ברזל ומינרלים נוספים. לכן תמיד, לא רק כשמכינים חלב שקדים, כדאי להשרות אותם. כל זה תקף לגבי כל האגוזים והגרעינים.

לקיצור התהליך: אפשר להשתמש בשקדיה (ממרח שקדים).

בשביל חלב מדולל יותר ניתן להגדיל את כמות המים.

אפשר להכין חצי חלב שקדים וחצי חלב אורז. מתקבל חלב עשיר במיוחד.

את עיסת השקדים שנותרת לאחר הסינון לא זורקים! אפשר להכין ממנה 'גבינה' טבעונית טעימה. מוסיפים שמן זית, מעט מלח וקצת עלי זעתר טריים או מיובשים או כל תיבול אחר ויש גבינה. אחרי כמה ימים היא אפילו משתבחת

מתאים לשלוש הדושות
קאפה - במתינות ורצוי ללא המתקה נוספת

באטר מילק Butter milk

משקה יוגורט שההודים נוהגים לשתות עם סיום הארוחה, בכמות קטנה. מסייע לעיכול תקין. טוב גם במצבים של שלשול או צואה רכה, חוסר ספיגה או טחורים

למנה אחת):
טליש גביע יוגורט ביו (ללא תוספות וללא המתקה)

ויים (פי שלושה מכמות היוגורט)

שמינית כפית זרעי כמון/זרעי כוסברה (או גם וגם)

שמינית אבקת ג'ינג'ר יבש

מעט מלח סלעים

בשייקר ידני (או בצנצנת זכוכית סגורה) משקשקים את כל החומרים למשך מספר דקות, עד שמתקבל קצף. אלמנט השקשוק כאן הוא קריטי, משום שהוא זה שמעניק למשקה את ההשפעה התרפויטית שלו על מערכת העיכול.

אפשר גם להכין את הבאטר מילק בבלנדר חשמלי, אך זה פחות מומלץ.

באטר מילק הוא סוג של תרופה. טוב לאנשים עם בעיות עיכול, שלשולים או טחורים

ואטה יכולים להוסיף מעט מיץ לימון ותבלינים (זרעי כמון, ג'ינג'ר, מלח סלעים)
פיטה יכולים להוסיף מעט סוכר או מייפל, הל וזרעי כוסברה.
קאפה יכולים להוסיף מעט דבש, פלפל שחור וג'ינג'ר

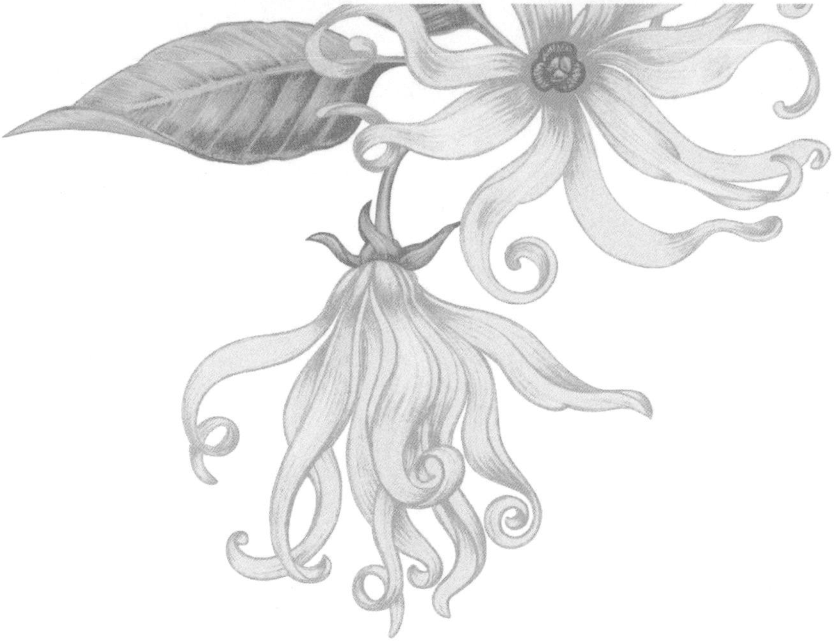

מתוקים בריאים

עוגיות שקדים

פשוטות וטעימות. מתאימות לכל הנמנעים והנמנעות מגלוטן,
מכל סיבה שהיא

2 כוסות קמח שקדים (225 גרם). ניתן לקנות או לטחון לבד בבית. יוצאות רכות
יותר עם קמח שקדים קנוי
חלבון ביצה
רבע כוס סוכר קוקוס/סוכר קנים/סוויטנגו (אפשר גם פחות)
כפית מיץ לימון טרי
כפית מי ורדים
כפית תמצית וניל
חצי כפית אבקת אפיה
קורט מלח

מקציפים את החלבון עם הסוכר - עם מקצפה ידנית קטנה או אפילו עם מזלג

מוסיפים את שאר החומרים ולשים עד שמתקבל גוש בצק שמזכיר מרציפן. אם חסר קצת נוזל - ניתן להוסיף עוד קצת מיץ לימון או מי ורדים.

יוצרים עיגולים, נועצים שקד לקישוט ומעט מועכים.

מניחים על נייר אפיה ואופים כרבע שעה ב-180 מעלות, עד שהתחתית משחימה קלות.

מאחסנים בצנצנת אטומה. נותרות טריות וטעימות זמן רב

מתאים לכול הדושות

באסן לאדו: ממתק חומוס

ממתק הודי גאוני מקמח חומוס. טעים ומיוחד ומתאים לכל מי שלא רוצים לאכול קמח חיטה ! ואפשר גם בגרסה טבעונית

חומרים לכ-15 יחידות:
2 כוסות קמח חומוס (יש בכל חנות טבע)
חצי כוס סוכר קוקוס/סוכר קנים דק (אפשר גם פחות!)
125 גר' גהי או חמאה או שמן קוקוס
כפית הל טחון
חצי כפית קינמון
כף קוקוס מגורר (לא חובה)
4 כפות אגוזי מלך קצוצים דק, או פיסטוק או אגוזי לוז או פקאן - או תערובת של כולם. חובה שיהיה קצוץ דק
עוד קצת קוקוס לקישוט

ממיסים את החמאה/גהי/שמן קוקוס - מה שבחרתם.

מוסיפים את קמח החומוס ומערבבים כל הזמן עד שכל הקמח נעטף בשמן. מערבבים על גב אש בינונית כרבע שעה, עד שקמח החומוס משנה את צבעו לחום והמטבח מתמלא בריח קלוי נעים. לקראת הסוף מוסיפים את התבלינים והאגוזים הקצוצים.

מורידים מהאש ומוסיפים את הסוכר. מערבבים היטב כך שכל הסוכר נמס פנימה.

מניחים להצטנן קלות עד שאפשר להכניס ידיים לתערובת. יוצרים כדורים קטנים ויפים. אפשר להשאיר אותם כך או לגלגל אותם בשקדים/אגוזים טחונים או קוקוס.

הלאדו נשמרים זמן רב בקופסא ואפילו משתבחים לאחר כמה ימים.

ואטה: פחות מומלץ, בגלל האיכות המייבשת של החומוס
פיטה: מתאים מאוד
קאפה: מתאים. אפשר להוסיף יותר קינמון

ממולאים מתוקים

הפינוק המתוק הכי קל להכנה. אם מתעצלים להכין מרציפן ביתי, אפשר לקנות איכותי בחנות טבע.

10 מישמשים טבעיים חומים (או יותר אם בא לכם כמות גדולה יותר)

חבילת מרציפן - 200 גר'. ללא תוספות. אפשר גם להכין לבד, פרטים בהמשך

קופסת שוקולד מריר איכותי 70-90 אחוז, לפי טעמכם.

פותחים עם סכין את המישמיש רק מצד אחד, כמו שפותחים פיתה.

ממלאים במרציפן וסוגרים. זה נדבק יפה כי המישמש מאוד גמיש

ממיסים שוקולד מריר בסיר קטן שיושב בתוך סיר עם מים רותחים, מה שנקרא באן מרי

טובלים את המישמשים הממולאים בשוקולד ומניחים על צלחת להתקשות.

אפשר גם לוותר על השלב הזה, למי שלא אוהב.

מאחסנים במקרר.

בעמוד הבא מתכון פשוט להכנת מרציפן, אפשר וכדאי להפחית משמעותית את כמות הסוכר שבמתכון, ובמקום סוכר לבן להשתמש בסוכר קנים בהיר דק

ואטה - מומלץ. לשוקולד ציפוי כדאי לבחור 70%, שיהיה פחות מריר
פיטה - מומלץ
קאפה - כדאי לתבל את המרציפן בתבלינים כמו קינמון, הל, ציפורן, פלפל שחור, ג'ינג'ר, גרידת לימון. שוקולד 90% לציפוי. ובכל מקרה - במתינות

רולדות פרג מקמח שקדים

בצק שעשוי כל כולו משקדים. הולך טוב עם פרג או ממרח תמרים או ממרח אגוז נמר

לבצק:
2 כוסות קמח שקדים
ביצה
כפית אבקת אפיה
כפית תמצית וניל איכותית
רבע כוס (או פחות) סוכר קוקוס/סוכר קנים/ 4-5 כפות סוויטנגו

המלית:
לא משנה באיזו מלית בוחרים, לכל אחת מהן מוסיפים בגלגול כחצי כוס אגוזי מלך שבורים

הכי קל (וקלאסי) זה ממרח תמרים טבעי. ניתן לקנות בכל סופר. ואפשר גם להכין לבד:
לוקחים כ-20 תמרים מגולענים וטוחנים עם מעט מיים עד ליצירת מחית שיהיה קל למרוח על הבצק

אופציה נוספת קלה: ממרח אגוז נמר - המתיקות עדינה מאוד ומגיעה מהאגוז בלבד. יש בטעם שוקולד ובטעמים נוספים. יש בכל חנות טבע. טעים מאוד.

אופציה שמצריכה קצת יותר עבודה - מלית פרג:

250 גר' פרג טחון טרי. כדאי לקנות רק במקום שבו טוחנים מול עיניכם.

250 מ"ל חלב - איזה שרוצים. אני משתמשת בחלב סויה

חצי כוס סוכר קוקוס/קנים

80 גר' חמאה או שמן קוקוס

כפית תמצית וניל

גרידה מלימון שלם

כניסים את כל החומרים לקערה ולשים עד לקבלת בצק שמזכיר מרציפן. עוטפים בניילון
ניחים לנוח כחצי שעה.

חלקים את הבצק לשניים ומרדדים כל חלק, בעדינות רבה, בין שני ניירות אפיה. יוצרים מלבן
עובי בינוני - לא דק מדי. מסירים את הנייר אפיה העליון.

לית פרג:

בשלים את הפרג עם החלב כרבע שעה. מוסיפים את שאר המרכיבים ומבשלים כמה דקות
ספות. טועמים לוודא שמספיק מתוק ולא נותרה מרירות מן הפרג ומניחים להצטנן. אם יצא
זלי מדי ניתן להוסיף כף או שתיים של קמח שקדים.

ורחים בעדינות מהמלית על גבי המלבן שרידדנו. מפזרים אגוזים קצוצים ומגלגלים בעדינות,
חד עם הנייר אפיה התחתון, כמו בסושי.

ניחים בתבנית אפיה על גבי נייר. חורצים בעדינות סימני חיתוך אלכסוניים.

אופים כ-20 דק' ב-180 מעלות עד שהתחתית משחימה קלות.

מניחים להצטנן. אם רוצים ניתן לפזר גם אבקת סוכר (ניתן לטחון סוכר קנים).

במתינות מתאים לכל הדושות
לוואטה - עדיף במילוי תמרים. אם בוחרים בפרג - כדאי להוסיף חמאה
לפיטה - מתאים בכל המילויים
לקאפה - עדיף עם מלית פרג, בשל המרירות הקלה. להפחית מכמות הסוכר

מאפינס כוסמת-קינואה עם שוקולד

מאפינס מפתיעים, שיהיו טובים לכל מי שנמנע מחיטה ובכל זאת רוצה מאפינס מתוקים. הקינואה והכוסמת מייבשות באיכותן וביחד עם שאר המרכיבים יוצאת תוצאה די מאוזנת.

חצי כוס קינואה

חצי כוס כוסמת ירוקה

כוס חלב טבעוני שאתם אוהבים (שקדים, אורז, סויה)

4 כפות בננה מעוכה או רסק תפוחים - אפשר קנוי או לקלף את התפוח ולגרד בפומפיה דקה)

4כפות אבקת קקאו

4 כפות שמן קוקוס

2 כפות טחינה גולמית או שקדיה

10 מישמישים מיובשים טבעיים (החומים). אם אתם אוהבים יותר מתוק אפשר להמיר בכ-5 תמרי מג'הול. או לשלב.

כפית אבקת אפייה

תוספות:
שוקולד צ'יפס או שוקולד מריר איכותי חתוך לחתיכות קטנות
חמאת בוטנים איכותית, מבוטנים לא קלויים

פותחים עם סכין את המישמיש רק מצד אחד, כמו שפותחים פיתה.

ממלאים במרציפן וסוגרים. זה נדבק יפה כי המישמש מאוד גמיש

ממיסים שוקולד מריר בסיר קטן שיושב בתוך סיר עם מים רותחים, מה שנקרא באן מרי

טובלים את המישמשים הממולאים בשוקולד ומניחים על צלחת להתקשות.

אפשר גם לוותר על השלב הזה, למי שלא אוהב.

מאחסנים במקרר.

לוואטה - עדיף עם בננה ותמר מג'הול, שיוסיפו לחות
לפיטה - עדיף עם שקדיה במקום טחינה. ולהמעיט בחמאת בוטנים
לקאפה - עדיף עם תפוח ומישמיש. ולהמעיט בחמאת בוטנים ושהשוקולד יהיה מריר 80% ומעלה

ארטיק מנגו

ארטיק מנגו מושלם. נימוח ורך ומתוק מטעם עצמו

2- מנגו

צי כוס חלב קוקוס איכותי ונקי מחומרים משמרים

כפות שקדיה

כפות סירופ מייפל/סילאן/לתת אורז - אופציונלי לחלוטין. המנגו מספיק מתוק.

תוספות אפשריות: רבע כפית הל/חצי כפית תמצית וניל/ליקר פירות כלשהו

מנקים את המנגו ומחלצים כמה שיותר "בשר"

מכניסים לבלנדר עם כל שאר החומרים, טוחנים ומוזגים לתוך תבניות להכנת ארטיקים או לתוך תבניות סיליקון. נועצים מקל ומכניסים להקפאה.

מקלות עץ ניתן לקנות באריזות גדולות בחנויות לעוגות יומולדת.
אם בא לכם להכין קינוח שייראה אלגנטי, אפשר להשתמש במקל קינמון במקום במקל עץ.

אם הארטיקים מיועדים גם לילדים, בייחוד כאלה שלא רגילים לממתקים טבעיים, כדאי להמתיק

הערות:
ותר שקדיה - הארטיק יהיה יותר "חלבי" ועשיר
פחות שקדיה - יותר לכיוון סורבה
לארטיק "קל" יותר - אפשר להמיר את החלב קוקוס בחלב שקדים-אורז

לקאפה - פחות מתאים. אפשר קצת "לחמם" את הארטיק עם אקסטרה הל טחון או אפילו קינמון
לוואטה - להוסיף יותר שקדיה וגם כאן תבלינים יועילו
מצוין לפיטה

בראוניז בטטה

נימוחים ורכים. לא לאנשים מקובעים מחשבתית. באופן כללי, מומלץ להסתיר את עניין הבטטה ולספר רק אחרי שטועמים. היתרון: אין כאן קמח, כך שזה מצוין לרגישים לגלוטן. וגם אין ביצים.

כ-500 גר' בטטות (2-3 קטנים או אחת ענקית)
3/4 כוס קמח אורז
7-10 תמרים מג'הול לחים. לי באופן אישי 7 תמרים זה מספיק מתוק
4 כפות קקאו
100 גרם שוקולד מריר איכותי
כפית תמצית וניל ו/או כפית שתיים ליקר אמרטו או ליקר אחר
גרידת תפוז מתפוז אחד - אם אתם אוהבים את השילוב של תפוזים ושוקולד
חצי כוס אגוזי מלך קצוצים דק (להקפיד - אחרת הם "ישברו" את הבראוניז

קולפים את הבטטות, חותכים לקוביות ומניחים בשושנת אידוי או בסיר אידוי. חשוב לא לבשל את הבטטה במיים, כי אז היא תהיה נוזלית מדי. ובכל מקרה, אידוי תמיד עדיף, מפני שכך מאבדים פחות חומרי הזנה מהירק.
ממיסים את השוקולד על האש, בתוך כלי קטן שיושב בתוך סיר מיים רותחים (באן מרי), מוסיפים לו את הקקאו ומערבבים עד להמסה.
מגלענים את התמרים ומכניסים למעבד מזון יחד עם כל שאר המרכיבים. טוחנים מספר דקות עד שמתקבלת תערובת נימוחה ורכה. טועמים לבדוק אם חסר משהו נוסף - אולי עוד תמר-שניים, עוד קצת גרידת לימון.
מניחים נייר אפייה על גבי מגש שופכים את התערובת.
אופים כ-25-30 דק', עד שקיסם שננעץ במרכז יוצא יובש. מניחים טוב טוב להצטנן ואז פורסים לריבועים.

* אם אין באמתחתכם מעבד מזון זמין, אפשר להשתמש בסילאן או מייפל איכותי במקום בתמרים שלמים ואז למעוך ידנית (בקלות) את הבטטה המאודה. במידה והעיסה תצא נוזלית מדי, אפשר להוסיף עוד קצת קמח אורז. היתרון בשימוש בתמרים הוא בכך שהם "מדביקים" טובים.

מתאים לפיטה ולוואטה
לקאפה - פחות מתאים. קאפה יכולים להפחית במתיקות, להמיר את קמח האורז בקמח כוסמת ולהמעיט או להשמיט את האגוזים.

כדורי תאנים והל

מתוק נעים, מרגיע וסאטווי. יכול לשמש כארוחת בוקר קלילה כשממהרים

ומרים ל-20-30 כדורים, תלוי בגודל:

1 דבלים

וס שקדים מושרים

צי כוס שקדים לא מושרים

צי כוס שיבולת שועל טחונה לאבקה

צי כפית הל טחון (או יותר אם אוהבים)

עט מיים/חלב שקדים/חלב אורז - במידה וצריך קצת נוזלים

רידת תפוז משני תפוזים. לשמור חצי לקישוט

פית תמצית וניל איכותית

צי כפית תמצית ורדים איכותית. לא חובה

שרים את השקדים והדבלים לכמה שעות בקערה עם מיים. אפשר גם ללילה שלם. אם אין מן להשרות - אפשר גם בלי. זה מקל על העיבוד

כניסים את כל החומרים למעבד מזון/בלנדר וטוחנים עד לקבלת מרקם אחיד. במידה וסמיך יבש מדי, להוסיף מעט חלב או מיים. במידה ונוזלי מדי, להוסיף עוד קצת שיבולת שועל טחונה. אם לא מתוק מספיק לטעמכם, תוסיפו עוד כמה דבלים

קורצים עיגולים.

מכינים את הקישוט: טוחנים שקדים לא מושרים לאבקה גסה ומערבבים עם מחצית מגרידת התפוז. מגלגלים את הכדורים בתוך התערובת.

מאחסנים במקרר.

יתן גם להכין גליל ארוך ולעטוף בניילון נצמד, להכניס לכמה שעות למקרר, להוציא, לגלגל בתערובת קישוט ואז לפרוס לפרוסות.

לפיטה - מצוין
לוואטה - מצוין. אפשר להוסיף ג'ינג'ר, בייחוד לסובלים מקור
לקאפה - כדאי לחמם קצת ולהוסיף ג'ינג'ר

מאפינס שקדים ואוכמניות

את האוכמניות אפשר להמיר בצימוקים. את השקדים כדאי לטחון בבית - המרקם הגס שמתקבל עושה את המאפינס האלה טעימים יותר

כוס שקדים טחונים (לטחון בבלנדר או מעבד מזון. אפשר גם לקנות קמח שקדים)
כוס קוקוס טחון
כוס קמח כוסמין מלא/חיטה מלאה
2/3 כוס סוכר קנים
2/3 כוס שמן קוקוס
2 ביצים
כוס חלב שקדים-אורז/שקדים/סויה/חלב עזים
כפית תמצית וניל
2 כפיות גרידת לימון (או יותר, אם אוהבים)
חצי כוס אוכמניות מיובשות ללא סוכר או צימוקים כהים - שניהם אופציונליים לחלוטין. יוצא טעים מאוד גם בלי
כפית אבקת אפייה או אבקת סודה לשתייה

מערבבים את כל היבשים: קוקוס, קמח, שקדים, אבקת אפיה וגרידת לימון.

בקערה נפרדת ממיסים את השמן קוקוס (בקיץ הוא נמס מעצמו), מוסיפים את הביצים, הסוכר, החלב והתמצית וניל וטורפים במטרפה ידנית עד שמתקבלת בלילה אחידה.

מאחדים את שתי הבלילות. מוסיפים את האוכמניות ומוזגים לתבניות מאפינס. אני אוהבת את אלו מהסיליקון, כי הן הכי פשוטות לתפעול ואין צורך לשמן.

אופים כ-15 דקות, עד להזהבה קלה.

מצוין לפיטה ולוואטה
קאפה יכולים להמיר את החלב במיים או להשתמש בחלב אורז. לשים יותר גרידת לימון

מלבי קרם קוקוס

הפודינג האולטימטיבי: קרמי ועשיר כמו המלבי ה"אמיתי". אפשר לשחק עם הקישוטים לאיזה כיוון שאוהבים

ית קרם קוקוס
 חלב שקים/אורז/או כל חלב אחר
כפיות קורנפלור
3 כפות סוכר חום/ג'אגרי
ית תמצית וניל טבעית
ע כפית הל טחון
ישוט (אופציונלי):
י כוס אוכמניות כחולות יבשות או כל פרי יבש אחר שאוהבים

מחממים את החלב בסיר קטן ומוסיפים את הסוכר ולאחר מכן את הקורנפלור וכל הזמן מערבבים, שלא יווצרו גושים. מבשלים כ-7-10 דק', עד שהתערובת נהיית סמיכה.

מסירים מן האש ומוסיפים את ההל.

בעת מניחים למלבי להתקרר ולהתייצב. אפשר לעשות זאת מראש בכל ההגשה.

הכנת מחית פירות יער:
טוחנים את האומניות עם מעט מיים עד לקבלת מחית חלקה. שמים בכל כוסית הגשה מעט מהאוכמניות ומעל את המלבי ומכניסים למקרר להתייצבות וקירור. אפשר לקשט גם מלמטה וגם מלמעלה.

אפשר גם לפזר שברי פיסטוק/שקדים

לפיטה - מצוין. לוואטה - גם מתאים
לקאפה - פחות מתאים. רק בקיץ ובמתינות. להוסיף קינמון או מוסקט או ג'ינג'ר

מאפינס כוסמת-קינואה עם פירות יער

ואריאציה נוספת על המאפינס שוקולד, רק בכיוון אחר, בהיר ומשובץ פירות יער. מתאים למי שנמנע מגלוטן או סתם לא רוצה להשמין או לאכול מתוק מדי.

חצי כוס כוסמת ירוקה
חצי כוס קינואה
4 כפות שקדיה
4 כפות רסק תפוחים. אפשר לקנות או להכין לבד (לקלף את התפוח ולגרד בפומפייה דקה)
4 כפות שמן קוקוס
כוס חלב טבעוני שחביב עליכם
כפית תמצית וניל
כפית אבקת אפייה
6 מישמישים טבעיים חומים
2 כפות מייפל (או יותר אם אוהבים מתוק)
פירות יער לקישוט: אוכמניות, פטל, דובדבנים. אם משתמשים בפירות יער קפואים - כדאי להפישר אותם במסננת כך שיגירו נוזלים.

משרים את הכוסמת והקינואה למינימום 5 שעות. רצוי לילה אם מתאפשר.

מכניסים את כל המרכיבים מלבד הפירות יער לבלנדר וטוחנים עד לקבלת מחית חלקה.

טועמים ומוסיפים המתקה במידת הצורך (מייפל או מישמישים)

עם כף מניחים מהתערובת במנג'טים מנייר, מקשטים בפירות יער.

אופים כעשרים דקות בחום בינוני, עד שהמאפינס מתייצבים וקיסם שננעץ במרכזן יוצא יבש.

מתאים ל-3 הדושות

עוגיות ג'ינג'ר

עוגיות טעימות ופריכות ופיקנטיות. מתאימות לימים קרים, לצד תה מהביל. או בכל שאר השנה לנוטים לסבול מקור

יצה אחת

ליש כוס שמן קוקוס מומס (אם העיסה מרגישה
שה – אפשר להגדיל לחצי כוס)

ס קמח כוסמין מלא

וס ורבע שיבולת שועל (אני אוהבת לטחון אותה,
ר המרקם יוצא חלק ואחיד)

צי כוס קמח שקדים (אפשר לקנות ואפשר גם
קלות פשוט לטחון לבד בבית בבלנדר)

חצי כוס סוכר חום דמררה (הכהה המעט דביק)

חצי כפית סודה לשתייה או כפית אבקת אפייה

4 כפות ג'ינג'ר טרי מגורד דק בפומפייה. אפשר גם לכתוש במועך שום. את הסיבים לזרוק

3 וחצי כפיות זנגביל טחון (ג'ינג'ר יבש באבקה)

רבע-חצי כפית מוסקט – אפשר לוותר אם לא אוהבים. מוסיף עוד טעם מעניין

קורט מלח

ורפים את הביצה יחד עם הסוכר (במטרפה ידנית או עם מזלג), מוסיפים את השמן ואת הג'ינג'ר – הטרי והיבש וגם את המוסקט, אם בחרתם להוסיף.

קערה נפרדת מערבבים את הקמח, שיבולת השועל, השקדים, סודה לשתייה והקורט מלח.

ערבבים את שניהם עד שנוצרת עיסה דביקה ואחידה. טועמים לוודא שמידת החריפות הפיקנטיות לטעמכם. אפשר ורצוי להוסיף עוד ג'ינג'ר – עדיף מהטרי!

חלקים את הבצק לשני חלקים ויוצרים על גבי ניילון נצמד שני גלילים בעובי כשני סנטימטר. עוטפים בניילון הנצמד ומעבירים למקרר. השלב הזה גורם לעוגיות להיות פריכות. אבל אפשר ם לוותר והן עדיין יוצאות מעולות. פשוט עושים גליל בצורת נקניק, ופורסים לעיגולים לא עבים מיוחד, עם סכין חדה.
חממים תנור ל-170 מעלות

ניחים על גבי נייר אפייה ואופים כ-10 דקות, עד שהעוגיות זהובות בתחתיתן
מצננים ומאחסנים בצנצנת אטומה.

לא להיבהל מכמות הג'ינג'ר – כשהן מוכנות זה יוצא הרבה פחות חריף. ולא להתפתות להשאיר בתנור יותר מעשר דק'.

פיטה - רצוי להוריד קצת מכמות הג'ינגר
ואטה - מצוין
קאפה - אפשר להוסיף מעט פלפל אנגלי גרוס

כדורי שוקולד בריאים

כוס שיבולת שועל דקה קלויה ל-2-3 דקות על מחבת/סיר יבשים

כוס שקדים (רצוי מושרים לכמה שעות או לילה)

רבע כוס אבקת קקאו איכותית (מי שרוצה להימנע מקקאו – אפשר להמיר באבקת חרובים, או לערבב עם אבקת קקאו)

5-6 תמרי מג'הול רכים

כף שמן קוקוס בכבישה קרה או כף טחינה גולמית או חמאת שומשום

מעט תמצית וניל איכותית

תיבולים אפשריים נוספים: הל טחון, קינמון

תוספות מעשירות: כפית ספירולינה, כפית אבקת אסטרגלוס

טוחנים קלות את כל המרכיבים בבלנדר. אני אוהבת להשאיר את העיסה קצת גסה, כדי שיהיה במה לנגוס.

אם יצא רטוב מדי – מוסיפים שיבולת שועל. אם יצא יבש מדי – מוסיפים עוד קצת שמן קוקוס.

המרקם צריך להיות מספיק דחוס על מנת ליצור עיגולים מוצקים ונאים

מתאים לפיטה
לוואטה - להוסיף קינמון או תיבול מחמם אחר
לקאפה - להמיר את התמרים בדבש, להוסיף הל וקינמון ולקלות את השיבולת שועל מספר דקות נוספות, להוספת "אגני" (חום) לכדורים

גלידת בננות והל

בלי חלב ובלי סוכר, נימוחה ורכה וטעימה

-4 בננות קלופות, חתוכות וקפואות
בע כוס קאשיו לא קלוי מושרה למשך כמה שעות במיים (לא חובה להשרות אבל כדאי)
בע כפית הל טחון
עט תמצית וניל טבעית (לא חובה)
עט מי ורדים
אפשר כמובן להוסיף פירות קפואים נוספים כמו אפרסק או שזיף
טעמי הגלידה מתוקה מספיק מהקאשיו והבננות אבל מי שרוצה המתקה נוספת יכול להוסיף
-1 כפות סילאן/מייפל/דבש
קישוט:
קאנים/ פולי קקאו/ אגוזי מלך/ פירות יער/ סירופ מייפל

שביל להכין את הגלידה הטבעונית הפשוטה הזאת צריך לדאוג שתמיד יהיו במקפיא בננות קלופות וחתוכות.

מכניסים לבלנדר את הבננות הקפואות יחד עם שאר החומרים ומבלנדרים למשך כ-7-8 קות. אם הבלנדר מתקשה אפשר להוסיף מעט מיים או חלב אורז/שקדים/סויה. התוצאה המתקבלת נראית לחלוטין כמו גלידה. יוצקים בכלי הגשה ומקשטים.

אם הוספתם נוזל כלשהו ייתכן ותצטרכו לאחר שמזגתם לכלי ההגשה להכניס שוב למקפיא כרבע שעה.

אפשר כמובן להוסיף פירות קפואים נוספים או להמיר את הקאשיו בשקדים קלופים ומושרים

מצוין לפיטה, פחות טוב לקאפה ולוואטה
ואטה - להוסיף אקסטרה אגוזים
קאפה - להפחית אגוזים
לא מומלץ לאכול את הגלידה כשהיא קפואה לחלוטין. מומלץ להניח לה להפשיר מעט

עוגת תמרים ובננות

עוגה נימוחה ורטובה. פחות מתאימה לקאפה. עדיפה לוואטה או פיטה

50 גרם תמרים בוואקום (לא ממרח תמרים) או תמר מסוג מג'הול
2 בננות (לא חובה, אפשר להסתפק רק בתמרים)
1 1/4 כוסות מים
1 כפית אבקת סודה לשתייה
60 גרם חמאה רכה/ גהי/ חצי כוס שמן זרעי ענבים
3/4 כוס (150 גרם) סוכר קנים חום
1 כוס קמח מלא
2 ביצים
1/3 כוס אגוזי מלך (לא חובה)
מעט הל טחון (לא חובה)

מחממים את התמרים והמים בסיר ומביאים לרתיחה. זה בסדר אם נשארים גושים. מצננים 5 דקות. אם מוסיפים גם בננות, מועכים אותן במזלג ומוסיפים אותן כעת, לאחר הצינון. מוסיפי אבקת סודה לשתייה ומערבבים.

מקציפים את החמאה והסוכר עד שמתקבלת תערובת בהירה. מוסיפים את הביצים וממשיכים לערבל עד שהתערובת חלקה.

מוסיפים את התמרים ומערבבים לתערובת אחידה (התערובת מאוד נוזלית וזה בסדר, זה מה שהופך את העוגה לעסיסית).

יוצקים לתבנית משומנת ומפזרים את האגוזים.

אופים 40-35 דקות בחום בינוני.

לא מומלץ לקאפה
טוב לפיטה וואטה

כדורי כוסמת מתוקים

כוסמת מצוינת לטיפוסי קאפה או לכאלה שרוצים לרדת במשקל. כדי להנביט כוסמת יש להשתמש בכוסמת ירוקה. הכוסמת החומה עוברת קלייה ולכן לא ניתן להנביטה, וגם פחות מומלץ לאכול אותה

כוסות כוסמת ירוקה מונבטת ומיובשת מעט בתנור (לא בחום גבוה מדי)
1 תמרים (רצוי מזן מג'הול)
וס אגוזים (אפשר לערבב כמה סוגים)
כפות שקדיה
עט גרידת לימון
ומשום מלא לקישוט (אפשר גם קוקוס

וחנים את האגוזים והתמרים יחד עם השקדיה.

וסיפים את הכוסמת המונבטת והקלויה קלות.

יוצרים עיגולים ומגלגלים אותם בקערת שומשום.

בקיץ אפשר לשמור במקפיא ולאכול כחטיף קר.

איך מנביטים כוסמת?
משרים כוסמת ירוקה למשך כשעתיים. מסננים מהמים, מניחים על גבי מסננת ומכסים במגבת. בקיץ יידרש יום אחד עד להתחלת נביטה. אין צורך להנביט עד שייצא נבט ארוך.

טוב לשלוש הדושות
קאפה - במתינות (בגלל התמרים)

ריבת שזיפים ואגוז מוסקט

יש בריבה הזאת מעט מאוד סוכר. היחס הסטנדרטי הוא בדרך כלל קילו (!) סוכר לקילו פרי. החיסרון היחידי בריבה הזאת הוא שהיא אינה נשמרת לאורך זמן

קילו שזיפים (אני מעדיפה את המאורכים)
3/4 כוס סוכר קנים חום
2 לימונים
חצי כפית (או יותר) אגוז מוסקט מגורר
צנצנת זכוכית נקייה ומעוקרת

מגלענים את השזיפים ומניחים בסיר יחד הם הסוכר, מיץ הלימון ורבע כפית אגוז מוסקט ומבשלים על אש קטנה עד שהסוכר מתחיל להתקרמל ומתקבלת ריבה. כשעה-שעה וחצי

כשהריבה מוכנה מוסיפים את יתרת האגוז מוסקט (כדאי לטעום קודם) ומניחים להצטנן.

בינתיים מעקרים את הצנצנת, מייבשים אותה היטב ומכניסים פנימה את הריבה.
כדאי לאחסן את הריבה במקרר, שוב בגלל מיעוט הסוכר, שבריבות 'רגילות', משמש כחומר משמר.

איך מעקרים?

מרתיחים מים בסיר גדול ומכניסים לתוכו את צנצנת הזכוכית והמכסה למספר דקות, מוציאים ומניחים להתייבש.
דרך נוספת: להכניס לתנור חם. שימו לב שאין גומייה במכסה או כל דבר אחר שעשוי להינמס או להישרף

טוב לפיטה וקאפה
ואטה - להמעיט באגוז מוסקט

חמוצים ועוד

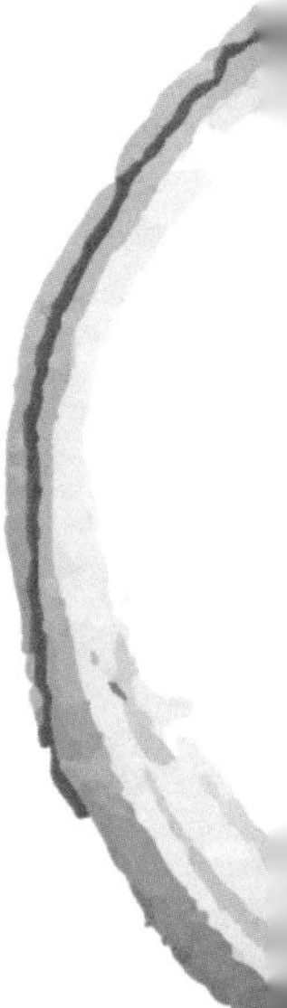

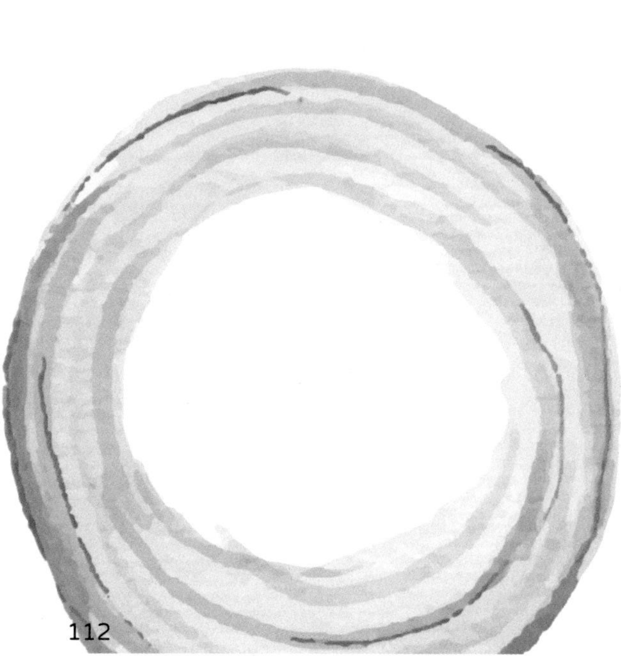

לימונים כבושים

השדרוג האולטימטיבי לכל תבשיל שהוא וגם לכל סנדביץ. יתרון נוסף: בקליפת הלימון יש חומר בשם פוליקוסנול שמוריד כולסטרול !

קילו לימונים שטופים וחתוכים לרבעים
חצי כוס מלח סלעים
6-7 שיני שום קלופות
2 כפות כרכום
כף זרעי כוסברה (לא חובה)
2-3 גבעולי טימין (לא חובה)
חצי כוס שמן זית (או יותר)
מיץ לימון לכיסוי הלימונים

חותכים את הלימונים לרבעים ומעסים אותם היטב עם המלח והתבלינים.

מעקרים צנצנת זכוכית ומכניסים לתוכה את הלימונים עם השום והתבלינים וסוגרים ומניחים לארבעה ימים, עד שייצא מהלימונים מספיק מיץ לימון.

לאחר ארבעה ימים פותחים את הצנצנת ומוסיפים מיץ לימון סחוט טרי עד לכיסוי כל הלימוני ולבסוף גם חצי כוס שמן זית. מוודאים שכל הלימונים מכוסים היטב, סוגרים שוב את הצנצנת ומניחים לה למשך שבועיים-שלושה.

טעים כתוספת לתבשילי אורז, קיצ'רי או לסנדוויצ'ים.

איך מעקרים?

מרתיחים מים בסיר גדול ומכניסים לתוכו את צנצנת הזכוכית והמכסה למספר דקות, מוציאי ומניחים להתייבש.

דרך נוספת: להכניס לתנור חם. שימו לב שאין גומייה במכסה או כל דבר אחר שעשוי להינמס או להישרף

לפיטה וקאפה - במתינות רבה
לוואטה - טוב

כרוב כבוש בצנצנת

כרוב כבוש לא מפוסטר, בהכנה ביתית, מכיל כמויות אדירות של חיידקים. פשוט להכנה והרבה יותר זול מלקנות פרוביוטיקה בקפסולות! הכרוב הכבוש משפר עיכול, מגביר תיאבון ומשפר את פלורת המעי. מצוין לסובלים ממעי רגיז, ספיגה לקויה וחיסוניות כללית ירודה

- 1 כרובים טריים
- 40 גרם מלח איכותי (כמות המלח הנדרשת היא בערך כ-20-25 גרם לכל קילו כרוב)
- תוספת אפשרית: רצועות גזר דקיקות/רצועות גבעולי סלרי

תיבולים אפשריים:
- 1-5 שיני שום קלופים (תלוי כמה חריף אתם רוצים את הכרוב)
- חצי כפית-כפית זרעי קימל/זרעי כוסברה או שניהם
- חצי כפית-כפית ערער (juniper)
- חצי-רבע כפית פלפל שחור שלם
- רצועות ג'ינג'ר טרי
- פלפל שאטה / פלפל קאיין / פלפל סצ'ואן

מסירים את העלים החיצוניים של הכרוב, חותכים את הכרוב לחצי ומסירים את הליבה וקוצצים את הכרוב לרצועות דקות. אפשר להיעזר במג'ימיקס.

מניחים את הכרוב הקצוץ בקערה, מוסיפים את המלח ומעסים היטב את הכרוב עד שהוא מתחיל להגיר נוזלים. אם הנוזלים טרם יצאו אפשר להניח לכרוב לנוח בתוך המלח לכחצי שעה ולחזור על פעולת הלישה והעיסוי. אם רכשתם כרוב "עייף" ולא טרי, יהיו פחות נוזלים.

מוסיפים את התבלינים שרוצים וטועמים.

כעת ניגשים למלאכת הכנת הצנצנת והמשקולת.

ניתן להשתמש בכל צנצנת זכוכית וכדאי גם לעקר אותה לפני השימוש במים רותחים.

כשהצנצנת מוכנה והכרוב כבר הגיר מספיק נוזלים, מכניסים פנימה את הכרוב. חשוב לדחוס אותו בחוזקה כך שהוא יהיה מכוסה היטב בנוזלים. הכיסוי בנוזלים הוא הנקודה החשובה, כי זה מה שמאפשר את התסיסה האנאירובית.

לאחר שכל הכרוב מכוסה היטב בנוזלים, מארגנים משקולת כלשהי. כאן נדרשת יצירתיות. אפשר להכין את הכרוב בצנצנת גדולה ולמלא אותה עד חציה ולהשתמש בצנצנת קטנה יותר כמשקולת.
אפשר למלא את צנצנת המשקולת בקטניות למשל ולסגור. משקולת נוספת יכולה להיות חלוק נחל נקי ושטוף היטב.

כשהכרוב מכוסה היטב בנוזלים ומעליו נחה המשקולת כדאי לכסות בחתיכת בד דקה, רק כדי למנוע כניסה של יתושים ולכלוך.

מניחים על השיש במקום בולט, כדי שתוכלו לפקח על התהליך ולוודא שהכרוב תמיד מכוסה בנוזלים אם מפלס הכרוב עלה - פשוט דוחסים שוב.

בקיץ תוך 2-4 ימים הכרוב כבר יתסוס וזה הזמן להכניס אותו למקרר, שם תהליך התסיסה ימשיך לאיטו.

כדי להכין כרוב כבוש לשיפור העיכול כדאי להימנע מתיבולים חריפים ואגרסיביים מדי ולדבוק בקימל וזרעי כוסברה. במצב של כיב או מחלת מעיים דלקתית להימנע לחלוטין מתיבולים חריפים ולהקטין משמעותית את כמות המלח.

אפשר גם לשתות את הנוזל, זוהי תרופה מצוינת לעיכול. אפשר גם לשמור ממנו כסטארטר לצנצנת הבאה.

על כרוב כבוש ומערכת העיכול

הכרוב הכבוש מכיל כמויות גדולות של פרוביוטיקה טבעית (בעיקר חיידקי לקטובצילוס), בייחוד אם הוא עשוי כהלכה, ולא עבר פיסטור. שילוב יומיומי של כרוב כבוש בארוחה תורם לשיפור פלורת המעי ויכול לסייע מאוד במקרים של מעי רגיז, גאזים ונפיחויות בבטן

מלבד זאת, לכרוב עצמו יש סגולות ריפוי הקשורות במערכת העיכול. גם מיץ הכרוב ידוע ביכולתו לסייע בריפוי כיבים במערכת העיכול. מחקר שנערך בעניין כרוב וכיבים קושר את יכולתו זו לרפא כיבים בתכולת הגלוטמין הגבוהה שבו, שמעודד סינתיזה של חומר נוסף (מוצין) המגן על הריריות במעי. מחקרים מצאו כי הגלוטמין מאריך את תאי הווילי במעי ומעבה את הרירית.

מלבד זאת איכותו של הכרוב מקררת והוא מרגיע גירוי. בכרוב יש גם תכולת סיבים גבוהה יחסית, וזו עוד תרומה שלו לשיפור העיכול.

כרוב כבוש, בשל הפרוביוטיקה הטבעית הרבה שהוא מכיל, זו גם דרך טובה לשפר חיסוניות כללית.

אפשר גם לכבוש כרוב בקדירת כבישה מיוחדת, לשיפור הטעם והגברת כמות החיידקים.

איך מנביטים?

הנבטה לא רק הופכת את הקטניות לקלות יותר לעיכול היא גם מקצרת את זמן הבישול ומגדילה את כמות החלבון שבקטניה

קטניה שאותה רוצים להנביט. קטניה להנבטה חייבת להיות שלמה
צנצנת זכוכית ריקה, חתיכת בד וגומיה
אופציה נוספת: שקית הנבטה קנויה או פשוט מסננת ומגבת

אפשר להנביט רק קטניות שלמות כמו מאש, שעועית, חומוס, אזוקי, אפונה, סויה וכו'. קטניות חצויות כמו עדשים כתומות לא ניתן להנביט.

בשלב ראשון משרים למשך לילה שלם את הקטניה בקערה עם מים. כשמנביטים מאש ניתן להסתפק גם בשמונה שעות.

לצורך ההנבטה נדרשת צנצנת ריקה ללא מכסה, חתיכת בד וגומיה או חתיכת חוט על מנת לסגור את הצנצנת - חתיכת הבד משמשת כמו מכסה. או הכי פשוט - מסננת ומגבת.

מסננים את המים ומכניסים את הקטניה לתוך הצנצנת, סוגרים עם חתיכת הבד ומניחים הפוך על מתקן לייבוש כלים או כל משטח פתוח אחר.

לאחר 24 שעות (בקיץ אפילו פחות) יתחיל לבצבץ נבט. בקיץ צריך פעמיים ביום לשטוף את הקטניות על מנת שלא יתייבשו, בחורף מספיקה פעם אחת. פשוט מכניסים את הצנצנת לכמה רגעים מתחת לברז ומסננים את המים.

כאשר מתחיל לבצבץ הנבט ניתן לאכול את הקטניה. אם רוצים נבטים ארוכים ממשיכים עם התהליך יומיים-שלושה נוספים.

גרסת המסננת: משרים את הקטניות ללילה, מסננים מהמים, מניחים במסננת ומכסים עם מגבת. פעמיים ביום (בקיץ) שוטפים את הקטניות ושוב מכסים עד שמופיע נבט.

כשהקטניות המונבטות מוכנות מאחסנים בצנצנת זכוכית במקרר. אפשר לאכול את הקטניה המונבטת חיה (להוסיף לסלט למשל) או מבושלת.

לטיפוסי ואטה או לאנשים שסובלים מנטייה לנפיחות בבטן או גאזים מומלץ להנביט באופן קבוע או לפחות להשרות את הקטניות למשך לילה

גהי

מזון על איורודי. חמאה מוזקקת שהיא גם תרופה וגם מזון. לא רק שגהי אינו מתקלקל, הוא גם משתבח ככל שהזמן עובר. הטקסטים האיורוודיים כותבים שגהי בן 100 שנה יכול לרפא כל מחלה. הגהי לא מתחמצן בקלות והוא מצוין לבישול ולאפייה. מאחר וכל מוצקי החלב הוצאו ממנו - גם רגישים ללקטוז לרוב מצליחים לעכל אותו

(לצנצנת של כ-300 גרם גהי): 400 גרם חמאה ללא מלח

מניחים את גוש החמאה בסיר על אש נמוכה.
מספר דקות לאחר שהחמאה נמסה ומתחילה לבעבע, מוצקי החלב שבחמאה מתחילים לשקוע לתחתית הסיר ומקבלים צבע חום ומלמעלה עולה קצף לבנבן. אפשר להסיר את הקצף עם כף ואפש גם להשאיר את זה לסוף התהליך.

מדי פעם מזיזים מעט את הקצף הלבן כדי לראות האם מתחילים להיווצר משקעים חומים בתחתית הסיר. שימו לב שאתם נשארים רק בחלק העליון ולא מערבבים עמוק מדי, כדי לא להפריע למוצקי החלב (החלבונים) לשקוע.
כדאי להישאר בסביבה, כדי שהגהי לא יישרף. כלומר שהכתמים החומים בתחתית לא ייעשו חומים מדי.
הגהי מוכן כאשר החמאה הופכת לצלולה ובעלת צבע זהוב. כאמור, מדי כמה דקות מזיזים בעדינות עם כף את הקצף ובודקים.
התהליך כולו לא אמור לקחת יותר מ-20 -25 דקות ומומלץ להישאר ליד הגהי, על מנת שלא יישרף.
כאשר מתקבל נוזל צלול וזהוב ובאוויר מתפשט ריח מתקתק דומה לשל פופקורן, מסירים עם כף את הקצף הלבן ומניחים למספר דקות להצטנן.
לאחר מכן מסננים את הגהי לתוך צנצנת זכוכית נקייה ויבשה עם מסננת דקה וחתיכת בד או נייר סופג מעליה.

הסינון חשוב – על מנת שלא ייכנסו מוצקי חלב לתוך הגהי. עדיף להשתמש בחתיכת בד, כי נייר עשוי להיקרע וחתיכות ממנו עלולות להיכנס לגהי

הגהי לא צריך להישמר בקירור ואם עשיתם אותו כראוי הוא גם לא אמור להתקלקל לעולם, שכן מוצקי החלב כבר אינם.

מחקרים אודות גהי מראים כי להבדיל משומנים אחרים הגהי יוצר פחות משקעי שומן בעורקים ויש בו אחוז גבוה יחסית של שומן חד בלתי רווי, הנדרש למניעת עודף כולסטרול. הגהי גם עשיר בחומצה בוטירית, חומר שמסייע למניעת סרטן המעי הגס ולהזנת תאי המעי הבריאים (חומצה בוטירית נוצרת באופן טבעי ע"י חיידקי המעי של אנשים הצורכים תזונה עשירה בסיבים)

מתאים לשלוש הדושות ובייחוד לטיפוסי פיטה. קאפה - במתינות

כרוב כבוש בקדירת חרס

דרך מצוינת לצרוך פרוביוטיקה טבעית, במקום לקנות קפסולות בבית מרקחת !
כרוב כבוש מכיל מאות אלפי חיידקים טובים ובייחוד חיידקי לקטובצילוס, שמסייעים לעיכול תקין ולחיזוק המערכת החיסונית במעי. הפרוביוטיקה שבכרוב הכבוש מסייעת בייצור B12 במעי

- 5 ק"ג כרוב טרי, קצוץ דק
- 1 גרם מלח ים או מלח סלעים לכל קילוגרם כרוב
- 6 גבעולי סלרי פרוסים לרצועות (לא חובה אבל כדאי)
- 5 גזרים חתוכים לרצועות (לא חובה אבל כדאי)
- תיבול: גרגירי ערער (juniper) / קימל / גרגירי פלפל שחור / פלפל קאיין או כל תיבול אחר

מסירים את כל העלים החיצוניים של הכרוב עד שמגיעים לשכבה יפה, טרייה ופריכה. חותכים את הכרוב לארבעה חלקים, מסלקים את ה"גזע" המרכזי (ושומרים אותם בצד) וחותכים את הרבעים לרצועות.

שוקלים 1 ק"ג מהכרוב הקצוץ ומכניסים לקדירת הכבישה ומפזרים את המלח.

מהדקים את הכרוב שבקדירה (מומלץ בכף שטוחה מעץ או כלי לפירה) וממתינים ליציאת הנוזלים מהכרוב. ממשיכים עם שכבה נוספת של כרוב (1 ק"ג) ומלח, עד שהקדירה מלאה כדי 4/5 מגובהה. עם כל שכבה שמכניסים לתוך הקדירה חוזרים על פעולת ההידוק בעזרת כף העץ.

מניחים כמה מגזעי הכרוב וכמה עלים חיצוניים שטופים ליצירת שכבה עליונה אחידה.

מניחים על הכרוב הקצוץ את שני חצאי המשקולת, כך שהמשקולות יכוסו ב- 3 ס"מ "מי כרוב". אם חסרים נוזלים, מים קרים, שעברו הרתחה, כשריכוז המלח שבהם הוא 15 גרם מלח לליטר מים.

מניחים את המכסה על פי הקדירה וממלאים את השקע החיצוני במי ברז.

זהו. כעת משאירים את קדירת הכבישה בטמפרטורת החדר (20-22 מעלות) במשך 2-3 ימים, מומלץ במטבח. כאשר נשמעים קולות בִּעֲבּוּעַ בקדירה, תהליך הכבישה החל.

לאחר יומיים שלושה מעבירים את הקדירה למקום קריר יותר (15-18 מעלות)

לאחר 4-6 שבועות ניתן כבר לאכול את הכרוב הכבוש.

כשתפתחו לראשונה את הקדירה תפיף את החלל עננה כבדה של ריח. זה סימן שהכרוב תסס היטב ונוצרו בו חיידקים רבים.

את הכרוב המוכן מאחסנים בצנצנות אטומות שעברו עיקור. שומרים במקרר ומוודאים שהכרוב מכוסה היטב בנוזלים.

יש מי ששומרים מעט מנוזלי הכבישה כסטארטר לקדירה הבאה.

מומלץ לשמור בצנצנות זכוכית אטומות שעברו עיקור, במקרר כאשר הכרוב מכוסה בנוזלים. בכל מקרה יש לשמור את נוזלי הכבישה לתהליך הכבישה הבא.

למי שמעוניין בכרוב הכבוש לתרופה לכיבים (אולקוס), יש להימנע מהוספת פלפל קאיין או פלפל שחור או כל תבלין חריף אחר ולהכין כרוב מתון ולא חריף או מלוח מדי. את המלח ניתן להמיר בזרעי סלרי.

מיץ כרוב וכרוב כבוש לטיפול בכיבים:
הכרוב הכבוש מכיל כמויות גדולות של פרוביוטיקה טבעית (בעיקר חיידקי לקטובצילוס), בייחוד אם הוא עשוי כהלכה, ולא עבר פיסטור. מלבד זאת, לכרוב עצמו יש סגולות ריפוי הקשורות במערכת העיכול.

גם מיץ הכרוב ידוע ביכולתו לסייע בריפוי כיבים במערכת העיכול. מחקר שנערך בעניין כרוב וכיבים קושר את יכולתו זו לרפא כיבים בתכולת הגלוטמין הגבוהה שבו, שמעודד סינתיזה של חומר נוסף (מוצין) המגן על הריריות במעי.

מחקרים מצאו כי הגלוטמין מאריך את תאי הווילי במעי ומעבה את הרירית. במקרים קיצוניים ניתן לקחת גם תוסף גלוטמין.

מלבד זאת איכותו של הכרוב מקררת והוא מרגיע גירוי. בכרוב יש גם תכולת סיבים גבוהה יחסית, וזו עוד תרומה שלו לשיפור העיכול.

למה דווקא בקדירה וכמה מילים על התססה לאקטית

בכבישת כרוב (או כל ירק אחר) בצנצנת זכוכית, אטומה ככל שתהיה, תמיד תיכנס מידה מסוימת של חמצן פנימה. וברגע שנכנס חמצן – מתחיל תהליך של ריקבון ולא של התססה (fermentation). לכן כאשר כובשים בצנצנות צריך הרבה יותר מלח, שמשמש גם כחומר משמר. קדירת הכבישה מכילה מכסה מיוחד המכיל מגרעת שאליה שופכים מעט מים שמונעים כניסה של חמצן.

כל מה שנדרש על מנת שתהליך של התססה יתרחש, כלומר שחיידקים יפיקו אנרגיה כדי לחיות ולהתרבות הוא גלוקוז והיעדר חמצן.

תסיסה לאקטית היא התסיסה הבסיסית ביותר, שבה ממולקולת גלוקוז אחת נוצרות שתי מולקולות של חומצת חָלָב (lactic acid).

הצטברות החומצה, מלבד תרומתה לטעם החמוץ, מונעת את ההתרבות של החיידקים שעשויים לקלקל את המזון וכך בעצם משמרת אותו. מה שאנחנו מרוויחים מזה הוא כאמור הרבה מאוד חיידקים טובים.

מתאים לוואטה, לפיטה וקאפה - במתינות רבה.
לקאפה עדיפה הגרסה החריפה יותר

79843901R00074

Made in the USA
Las Vegas, NV
28 October 2023